Ina Medick und Felix Wiesel

Mein fränkisches BACKBUCH

Von Anisbrezen bis Zwetschgaplootz

J. BERG

Inhalt

Vorwort

Bodenständig, mit regionalen Zutaten und ohne viel »Chichi« – so würden wir die fränkische Art zu backen beschreiben: von Schmalzgebackenem wie Küchla oder Apfelkrapfen über einfache Hefeteig-Rezepte und Rührkuchen für jeden Tag bis hin zu prachtvollen Buttercremetorten und natürlich leckeren Plätzchen – die fränkischen Öfen glühen rund ums Jahr und ohne den »Kaffee und Kuung« am Wochenende würde in vielen Haushalten etwas fehlen.

Backen ist vielleicht noch viel mehr als Kochen Trends unterworfen – genau deshalb finden sich in diesem Buch Rezepte aus verschiedenen Generationen. Von Omas Klassikern über Mamas Variationen bis hin zu modernen Interpretationen haben wir für dieses Buch jede Menge Ideen für fränkisches Backwerk gesammelt.

Wir können euch nur empfehlen: Macht es wie wir und sprecht regelmäßig mit euren Eltern, Großeltern oder anderen Verwandten über deren kulinarische Erinnerungen, über Rezepte, die deren Kindheitserinnerungen bestimmen, über längst vergessene Spezialitäten. Denn es kann manchmal so schnell gehen. Während wir an diesem Buch gearbeitet haben, sind drei unserer engsten Familienmitglieder recht plötzlich verstorben. Auch dank dieser kulinarischen Erinnerungen haben wir besondere letzte Momente mit ihnen teilen dürfen.

Wie bei unseren beiden bereits erschienenen fränkischen Kochbüchern haben wir mit Menschen in allen Teilen Frankens gesprochen, um zu erfahren, welches Gebäck unbedingt ins Buch kommen soll. Dabei haben wir gemerkt: Um wirklich jedes Gebäck abzudecken, das es so in nur einer Ortschaft gibt, würden die 80 Rezepte bei Weitem nicht reichen! Die kulinarische Vielfalt Frankens ist wahnsinnig groß. Darauf dürfen wir stolz sein.

Gleichzeitig gleichen sich viele Rezepte in verschiedenen Landstrichen Frankens, auch wenn sie vielleicht andere Namen haben. So sind zum Beispiel die Storchennester von Seite 78 auch als Rothenburger Schneeballen oder Maulkörbe bekannt. Genauso unterscheiden sich die Zutaten bei manchen Rezepten wie z.B. Knieküchla von Region zu Region etwas. Hier haben wir versucht, einen guten Mittelweg zu finden.

Ein kleiner Hinweis noch: Wenn im Intro von Rezepten aus der Ich-Perspektive geschrieben ist, bezieht sich das auf Ina, die die Rezepte entwickelt hat. Felix setzt das Gebäck dann fotografisch in Szene.

In diesem Sinne: An den Ofen – fertig – los!

Viel Freude beim Backen wünschen
Ina Medick und Felix Wiesel

Back Ina
BACKEN KOCHEN GENIEßEN
WWW.BACKINA.DE

1 CUP 250ml
1/3 CUP 80ml

Grundrezepte

Niemand läuft einen Marathon, ohne vorher fünf Kilometer gelaufen zu sein. Niemand besteigt den Mount Everest, ohne vorher den Ochsenkopf erklommen zu haben (oder einen anderen Berg außerhalb Frankens). Genau so muss man auch beim Backen mit den Grundlagen beginnen. Beherrscht man das Grundrezept, kann man beginnen, damit zu spielen und Varianten zu entwickeln. Deshalb haben wir in diesem Buch mehrere Grundrezepte für Teig, aber auch für Füllungen von Torten gesammelt, auf die wir weiter hinten teilweise wieder Bezug nehmen.

Grundrezept Mürbeteig

Süß und herzhaft

Dieser sogenannte 3-2-1-Mürbeteig ist nach dem Verhältnis von Mehl, Butter und Zucker benannt. Wenn du den Zucker weglässt, kannst du ihn auch für herzhafte Plätzchen verwenden. Sehr lecker schmeckt er herzhaft, wenn du den Zucker durch 50 g Parmesan ersetzt und etwas Salz sowie italienische Kräuter unterknetest.

ca. 15 Minuten plus 30 Minuten Ruhezeit | für 1 Kuchen mit Rand

300 g Weizenmehl Type 405
100 g Zucker
1 Pck. Vanillezucker (optional)
1 Prise Salz
1 kleines Ei
200 g Butter

Gib das Mehl und den Zucker in eine Schüssel, nach Wunsch den Vanillezucker und das Salz dazu und vermische alles.

Gib das Ei und die Butter in kleinen Stückchen hinzu. Alternativ kannst du auch die Butter für eine halbe Stunde einfrieren und dann mit einer Reibe in kleine Flöckchen reiben.

Verknete alle Zutaten gründlich, bis ein Teig entsteht. Dieser sollte relativ trocken sein, kann aber ruhig noch ganz leicht krümelig wirken. Die Konsistenz erinnert an Marzipan.

Wenn dir der Teig noch zu trocken erscheint, gib 1–2 EL eiskaltes Wasser hinzu. Falls er dir zu weich erscheint, knete noch 1–2 EL Mehl darunter.

Wickle den Teig in Frischhaltefolie und kühle ihn mindestens 30 Minuten, bevor du ihn weiterverarbeitest.

Mein Tipp

Du kannst den Teig auch bis zu 4 Wochen einfrieren. Lass ihn dann vorsichtig auftauen und knete ggf. noch etwas Mehl darunter, wenn er durch das Kondenswasser zu weich geworden ist.

Grundrezept Biskuitteig

Luftiger Boden

Die Grundlage vieler fränkischer Torten und Feingebäcke ist ein klassischer Biskuitteig. Hier ist es wichtig, dass viel Luft hineinkommt. Deshalb trenne ich die Eier und schlage das Eiweiß und das Eigelb einzeln cremig. Besonders leicht zu schneiden wird der Teig, wenn du ihn am Vorabend backst und über Nacht ruhen lässt.

ca. 30–60 Minuten | für 3 Böden à 18 cm, 2 Böden à 20 cm bzw. 1 Boden à 24 cm Durchmesser

3 Eier
100 g Zucker
1 Prise Salz
Vanillezucker oder -extrakt (optional)
3 EL heißes Wasser
100 g Weizenmehl Type 405
20 g Speisestärke
1 gestrichener TL Backpulver

Heize den Backofen auf 180 °C (Ober-/Unterhitze) vor.

Trenne die Eier und gib das Eiweiß und die Eigelbe in getrennte Rührschüsseln. Gib zu den Eiweißen 50 g Zucker sowie das Salz und schlage sie steif.

Zu den Eigelben gibst du den restlichen Zucker (50 g), nach Wunsch den Vanillezucker sowie das heiße Wasser.

Du kannst die Eigelbe mit denselben Quirlen wie das Eiweiß schlagen (niemals andersherum!): Schlage das Eigelb mit dem Zucker und dem Wasser etwa 3–5 Minuten dickcremig auf.

Mische das Mehl mit der Speisestärke und dem Backpulver und gib die Mischung portionsweise über das Eigelb. Hebe das Mehl nach und nach vorsichtig unter.

Hebe zuletzt das Eiweiß vorsichtig unter den Biskuit und gib die Mischung sofort in deine mit Backpapier ausgelegte Form. An den Rändern muss die Form NICHT ausgelegt oder gebuttert sein.

Backe den Biskuit in einer 24er-Form für etwa 20 Minuten, in einer 20er-Form etwa 30 Minuten bzw. in einer 18er-Form etwa 40 Minuten.

Wenn die Oberfläche nicht mehr nachgibt, ist der Biskuitboden fertig.

Grundrezept Rührteig

Cremig aufgeschlagen

Der einfache Rührteig mit Butter, Zucker, Eiern, Backpulver und Mehl als Grundzutaten ist die Basis vieler fränkischer Rezepte. Das Geheimnis saftiger Rührteige liegt im Aufschlagen: Butter und Zucker müssen mindestens 5 Minuten sehr cremig gerührt werden, bis eine fluffige, weißliche Masse entsteht. Auch wichtig: Alle Zutaten müssen Zimmertemperatur haben – also auch die Eier rechtzeitig aus dem Kühlschrank nehmen!

ca. 20 Minuten | für 1 Gugelhupfform, 1 Backblech (20 x 30 cm) oder 1 Kastenform (ca. 30 cm)

250 g zimmerwarme Butter plus etwas mehr für die Form

200 g Zucker

4 zimmerwarme Eier

evtl. 1 TL Vanilleextrakt oder andere Geschmackszutaten

300 g Weizenmehl Type 405 plus etwas mehr für die Form

3 TL Backpulver

125 ml Vollmilch oder andere Flüssigkeit (z. B. Eierlikör)

Heize den Backofen auf 175 °C (Ober-/Unterhitze) vor.

Rühre die weiche Butter mit dem Zucker ca. 5 Minuten lang weiß-cremig: Das heißt, die Masse soll ganz fluffig und weiß sein und der Zucker sollte sich komplett gelöst haben.

Rühre jetzt die Eier einzeln unter, jeweils ca. 30 Sekunden.

Dann nach Wunsch das Vanilleextrakt unterrühren.

Mische das Mehl mit dem Backpulver und hebe es im Wechsel mit der Flüssigkeit unter.

Gib den Teig in eine gebutterte und mit Mehl oder Semmelbröseln ausgestreute Form und backe ihn für ca. 50–60 Minuten.

Mein Tipp

Wenn dein Teig beim Zugeben der Eier leicht gerinnt, ist das ein Zeichen, dass die Eier zu kalt waren. Meist ist das kein Problem: Der Teig wird wieder homogen, wenn das Mehl dazukommt.

Grundrezept Hefeteig

Vielseitiger Klassiker

Viele fränkische Rezepte beruhen auf Hefeteig, besonders unsere Ostergebäcke. Dabei gibt es so viele Hefeteig-Varianten, wie es Bäcker gibt. Mein Grundrezept nutzt dabei vor allem Milch und nur etwas Butter. Je mehr Butter im Teig enthalten ist, desto schwerer und saftiger wird dieser. Wichtig: Alle Zutaten müssen Zimmertemperatur haben!

ca. 20 Minuten plus ca. 70 Minuten (bis 12 Stunden) Ruhezeit | für ca. 10 Gebäckteile oder 1 Backblech (30 x 40 cm)

450 g Weizenmehl Type 550 oder Dinkelmehl Type 630

1 Prise Salz

½ Würfel Frischhefe oder 1 Pck. Trockenhefe

2 EL flüssiger Honig oder Zucker

250 ml zimmerwarme Vollmilch

1 zimmerwarmes Ei

50 g zimmerwarme Butter

Gib das Mehl in eine Rührschüssel, mische es mit dem Salz und forme eine Kuhle in der Mitte. Darin vermischst du die Hefe mit dem Honig bzw. Zucker sowie 2–3 EL Milch. Lass dieses »Dämpfchen« abgedeckt etwa 10 Minuten stehen, bis sich kleine Blasen bilden.

Alternativ: Wenn du Trockenhefe verwendest, vermischst du direkt einfach alle Zutaten bis zum Honig bzw. Zucker miteinander.

Dann gibst du die restlichen Zutaten hinzu und knetest alles zu einem glatten Teig.

Diesen lässt du nun abgedeckt etwa 1 Stunde an einem warmen, zugfreien Ort gehen, bis sich sein Volumen verdoppelt hat. Alternativ kannst du ihn auch über Nacht in den Kühlschrank stellen, dann wird der Teig feinporiger.

Verarbeite den Teig nun nach Rezept weiter.

Grundrezept Plunderteig

Knusprig zart

Plunderteig ist gewissermaßen die Veredelung von normalem Hefeteig. Denn die Zubereitung ist zunächst genau wie bei Hefeteig. Dann wird kalte Butter eingefaltet (siehe Skizze auf der rechten Seite). Das sogenannte Tourieren ist nicht ganz einfach, aber mit der Zeit bekommt man den Dreh raus!

ca. 1 Stunde plus ca. 12 Stunden Ruhezeit | für ca. 10 Gebäckteile

500 g Weizenmehl Type 405 plus etwas mehr für die Teigbearbeitung

250 ml Vollmilch

⅔ Würfel Hefe (ca. 30 g)

1 Ei

30 g Zucker

50 g zimmerwarme Butter

250 g kalte Butter

Gib das Mehl und die Milch in eine Rührschüssel, gib die zerbröselte Hefe, das Ei, den Zucker und die zimmerwarme Butter dazu und knete alles etwa 5–10 Minuten, bis ein glatter Teig entstanden ist, der nicht mehr an der Schüssel klebt.

Lass den Teig abgedeckt über Nacht im Kühlschrank gehen.

Schneide am nächsten Tag die kalte Butter in Scheiben. Dann rollst du den Teig auf einer bemehlten Arbeitsfläche zu einem Rechteck (ca. 40 x 30 cm) aus und legst die Butterscheiben dicht an dicht auf die eine Hälfte (siehe Bild rechts).

Klappe nun die zweite Teighälfte darüber und drehe das Teigstück um 90°.

Rolle den Teig jetzt auf eine Größe von etwa 75 x 30 cm aus. Jetzt faltest du den Teig wie einen Brief je zu einem Drittel, wie du es rechts in der Illustration siehst (»1. Tour«). Drehe das Teigstück wieder um 90° und rolle ihn erneut auf 75 x 30 cm aus.

Nun klappst du den Teig mehrfach ein, wie du es in der Zeichnung rechts siehst (»2. Tour«). Insgesamt sollten jetzt 4 Lagen entstehen.

Stelle den Teig spätestens jetzt für 30 Minuten kalt. Falls die Butter zwischendrin zu warm wird und ausläuft, stelle ihn auch gerne zwischendurch kalt!

Wiederhole dann die 1. und die 2. Tour erneut, bevor du den Teig noch einmal für 30 Minuten kaltstellst. Jetzt kann der Plunderteig verarbeitet werden.

Plunderteig richtig tourieren

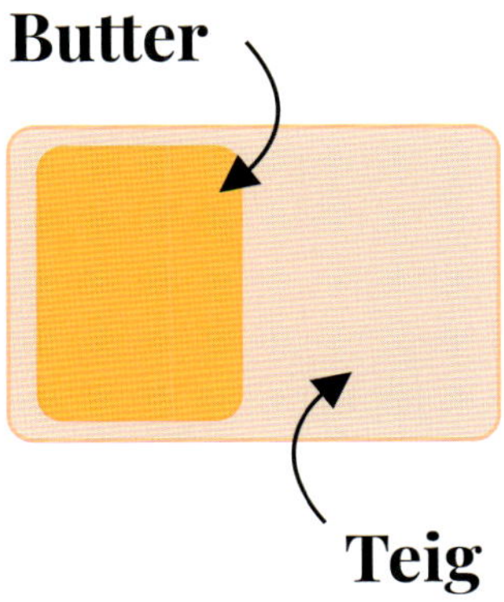

1. Tour

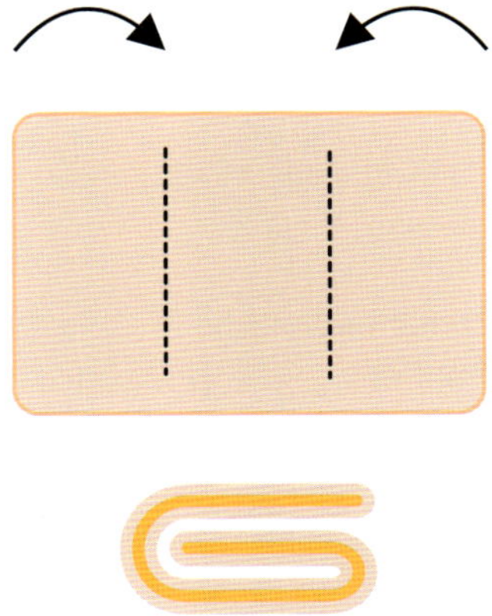

2. Tour

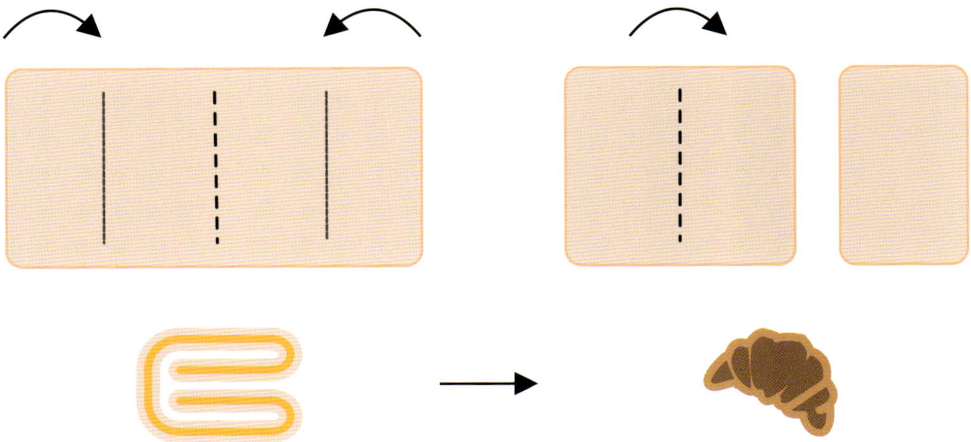

Grundrezept Ganache

Unwiderstehliche Schokolade

Ganache ist ein echter Allrounder, der normalerweise nicht in der fränkischen Küche vorkommt. Aber die zarte Creme aus Schokolade und Sahne ist so wandelbar, dass sie sich auch auf unseren traditionellen Gebäcken gut macht. Man kann Ganache wunderbar als Glasur verwenden (siehe Rote-Bete-Schokokuchen auf Seite 148) oder auch aufgeschlagen als lockere Tortenfüllung. Achtung, ich zeige hier nicht die Variante zum Einstreichen von Torten, dazu wird mehr Schokolade als Sahne benötigt.

ca. 15 Minuten plus 2–3 Stunden Kühlzeit | für 1 Tortenfüllung

Für die Zartbitter-Ganache (Verhältnis 2:3)

200 g Zartbitterschokolade (mind. 50 % Kakaoanteil)

300 g flüssige Sahne

Für die Vollmilch-Ganache (Verhältnis 1:1)

200 g Vollmilchschokolade (mind. 50 % Kakaoanteil)

200 g flüssige Sahne

Für die weiße Ganache (Verhältnis 3:2)

300 g weiße Kuvertüre

200 g flüssige Sahne

Hacke die Schokolade klein.

Koche die Sahne auf und ziehe den Topf vom Herd.

Rühre die Schokolade ein, bis eine glatte Masse entstanden ist.

Lass die Ganache bei Zimmertemperatur mindestens 2–3 Stunden abkühlen.

Nach dieser Zeit kannst du sie entweder als Creme verwenden oder mit dem Handrührer aufschlagen: Beim Aufschlagen entwickelt sich eine Mousse au Chocolat ähnliche Konsistenz.

Grundrezept Buttercreme

Zum Dahinschmelzen

Die Buttercreme ist zu Unrecht etwas in Verruf geraten: Denn wenn man sie sparsam einsetzt und richtig zubereitet, schmeckt sie weder »seifig« noch ist sie das »pure Fett«, wie einige der Vorurteile lauten. Die deutsche Buttercreme auf Pudding-Basis ist relativ einfach zu machen und kann geschmacklich vielfältig variiert werden.

ca. 1 Stunde plus Kühlzeit | für 1 Tortenfüllung

500 ml Vollmilch

3 EL Zucker

1 Pck. Vanillepuddingpulver

50 g Zartbitterschokolade (mind. 50 % Kakaoanteil, nur für Schokobuttercreme)

250 g zimmerwarme Butter

1 EL Vanilleextrakt oder Mark von 1 Vanilleschote

Puderzucker nach Wunsch

Koche aus der Milch, dem Zucker und dem Puddingpulver einen Pudding nach Packungsanleitung. Wenn du eine Schokobuttercreme kochst, löse die klein gehackte Schokolade im noch warmen Pudding auf.

Lass den Pudding abkühlen. Lege am besten eine Frischhaltefolie während des Abkühlens darauf, damit der Pudding keine Haut bekommt.

Schlage, sobald der Pudding kalt ist, die Butter weißlich-cremig (etwa 5 Minuten) und rühre das Vanilleextrakt unter.

Rühre den Pudding esslöffelweise unter, sodass eine glatte Creme entsteht. Falls du weitere Geschmackszutaten wie Kaffee- oder Fruchtpulver verwendest (siehe Tipp), rührst du diese zum Schluss unter.

Die Creme kannst du nach Wunsch noch mit Puderzucker nachsüßen.

Mein Tipp

Du kannst sehr gut auch andere Geschmacksvarianten der Buttercreme daraus ableiten: Mit Instant-Kaffee und Schokopudding wird eine leckere Kaffee-Buttercreme daraus. Mit Sahne-Pudding und gemahlenen, gefriergetrockneten Beeren oder Fruchtpulver wird die Creme besonders fruchtig.

Omas Klassiker

Niemand backt so gut wie Oma. Das ist ein Fakt! Meine Oma und Schwiegeroma sind beide tolle Bäckerinnen, die ihre Familienrezepte wie einen Schatz hüten. Dank des handgeschriebenen Rezeptbuches, das meine Uroma und dann meine Oma geführt haben, kam ich zu meinem ersten Kochbuch »Fränkische Lieblingsrezepte«. Und meine Schwiegeroma hat mir beigebracht, wie man »Küchla« backt – eine Kunst, die nicht mehr viele Frauen in der Region beherrschen. Ich bin sehr dankbar, dass ich so viel von ihnen lernen durfte, und zeige hier einige der Klassiker, die in Omas Rezeptbuch nicht fehlen dürfen.

Fränkische Knieküchla

Der Klassiker zu Festtagen

Wenn man an fränkisches Gebäck denkt, dann kommen einem wohl als Erstes Knieküchla in den Sinn. Dabei ist das die »katholische« Variante des Fettgebäcks und auch in anderen Teilen Süddeutschlands durchaus beliebt. Die »evangelische« Variante findest du im nächsten Rezept.

ca. 90 Minuten plus ca. 90 Minuten Ruhezeit | für ca. 20–30 Stück

400–500 ml Vollmilch

60 g Hefe

2 TL Vanillezucker

1 ½ kg Weizenmehl Type 405 plus etwas mehr für die Teigbearbeitung

300 g Zucker

1 Prise Salz

300 g zimmerwarme Butter

9 zimmerwarme Eier

Saft und Schalenabrieb von ½ unbehandelten Zitrone

3 EL Arrak

Außerdem

ca. 2 kg Butterschmalz zum Frittieren (richtet sich nach der Größe des Topfes)

Erhitze die Milch, bis sie lauwarm ist. Brösele anschließend die Hefe in die Milch und gib den Vanillezucker dazu. Lass dieses »Dämpfchen« an einem warmen, zugfreien Ort für etwa 10 Minuten stehen, damit die Hefe aktiviert wird.

Gib das Mehl in eine Rührschüssel und mische den Zucker und das Salz unter. Knete anschließend die Butter gründlich unter. Der Teig ist jetzt noch recht krümelig, aber das wird noch.

Gib nun die Milch-Hefe-Mischung, die Eier, den Zitronenabrieb und -saft hinzu und knete alles so lange, bis ein geschmeidiger Teig entsteht.

Zum Schluss gibst du den Arrak hinzu und knetest diesen gründlich ein. Wichtig ist, dass der Alkohol erst nach der Hefe in den Teig geknetet wird. Wenn der Teig sich leicht von der Schüssel löst, ist er fertig.

Lass den Teig abgedeckt für etwa 1 Stunde an einem warmen, zugfreien Ort gehen, sodass sich sein Volumen verdoppelt.

Wenn der Teig geruht hat, stichst du mit einem Esslöffel jeweils eine Portion ab. Diese rollst du mit der Hand auf einer Arbeitsfläche oder Unterlage aus Holz oder Kunststoff, die mit einem bemehlten Küchentuch abgedeckt ist, zu einer Kugel aus. Achte darauf, dass jede Kugel eine glatte Oberfläche hat und der Teig keine Blasen enthält. Du darfst ruhig mit Druck rollen!

Lege die Teigkugeln mit genügend Abstand auf ein sauberes Küchentuch und decke sie ab. Lass die Teigkugeln an einem warmen, zugfreien Ort noch einmal 30 Minuten gehen, bis sie ihr Volumen verdoppelt haben.

➜

In der Zwischenzeit kannst du das Butterschmalz in einem weiten Topf erhitzen. Stelle eine kleine Schüssel lauwarmes, flüssiges Butterschmalz oder Butter beiseite. Dieses brauchst du später für die Hände.

Achtung: Zum Ausbacken werden mindestens zwei Personen benötigt!

Wenn der Teig fertig ist und das Butterschmalz heiß (ca. 170–175 °C), kann Person 1 mit dem »Ausziehen« beginnen.

Dazu reibst du dir die Hände gründlich mit dem lauwarmen Butterschmalz bzw. der Butter ein, nimmst eine Teigkugel und ziehst sie gleichmäßig von der Mitte her nach außen, während du sie im Kreis drehst. So wird der Teig in der Mitte immer dünner, und außen entsteht ein wulstiger Rand.

Gib den ausgezogenen Teig ins heiße Fett, wo Person 2 ein Auge auf die Küchla hat. Der Teig sollte sofort wieder nach oben steigen, und in der Mitte, wo der Teig ganz dünn ist, sollte eine Art »Blase« entstehen. Backe das Küchla etwa 2 Minuten, bis die Unterseite goldbraun ist.

Dann wendest du es vorsichtig mit zwei Holzlöffeln, ohne dabei die Struktur zu beschädigen. Jetzt sollte sich die »Blase« in der Mitte umdrehen und der typische »Teller« entstehen.

Achte darauf, dass in den Teller kein (oder nur ganz wenig) heißes Fett kommt, er soll ganz weiß bleiben.

Sobald auch die zweite Seite goldbraun ist, nimmst du das Küchla vorsichtig aus dem Fett und lässt es auf einem Küchenkrepp abtropfen und erkalten. Wenn dabei der »Teller« nach unten schaut, bleibt die Form schöner.

Mein Tipp

Küchla schmecken ganz frisch am besten! Deshalb friere die nicht benötigten Exemplare am besten sofort ein und wärme sie bei Bedarf ganz leicht im Ofen wieder auf. Zum Einfrieren lege vorzugsweise ein Stück Backpapier zwischen die einzelnen Küchla.

Luftig lockere Kissen

Alternative zu Knieküchla

Die »evangelische« Variante der Knieküchla sind Kissen. Sie werden rund um Nürnberg oder im Frankenwald häufig gebacken. Aus dem Frankenwald kenne ich sie von Verwandten, die sie zu Festtagen serviert haben, z. B. zur Konfirmation oder Hochzeit. Lass dich vom flauschigen Aussehen nicht täuschen: Ein Kissen ist innen hohl!

ca. 1 Stunde plus ca. 50 Minuten Ruhezeit | für ca. 20 Stück

250 ml Vollmilch
50 g Butter
650 g Weizenmehl Type 405 plus etwas mehr für die Teigbearbeitung
60 g Zucker
1 Prise Salz
20 g Hefe
2 Eier
1 TL Vanilleextrakt
1 EL Arrak
Puderzucker

Außerdem

ca. 2 kg Butterschmalz oder Kokosfett zum Frittieren (richtet sich nach der Größe der Fritteuse)
alternativ 1,5 kg Butterschmalz und 0,5 l Sonnenblumenöl

Erwärme die Milch und schmilz die Butter darin. Lass die Milch danach leicht abkühlen, bis sie handwarm ist.

Gib das Mehl in eine Rührschüssel und mische den Zucker und das Salz unter. Mache dann eine Vertiefung in die Mitte und brösele die Hefe hinein. Gib die Eier, das Vanilleextrakt und das lauwarme Butter-Milch-Gemisch dazu und knete daraus einen geschmeidigen Teig.

Bevor du den Teig ruhen lässt, knetest du noch den Arrak darunter. Bitte nicht vorher, denn dann kann die Hefe nicht gehen.

Decke den Teig ab und lass ihn etwa 25–30 Minuten an einem warmen, zugfreien Ort gehen.

Rolle den Teig auf einem bemehlten Brett etwa 0,5 cm dick zu einem Rechteck aus. Schneide die Kissen in gewünschter Größe (6 x 6 cm oder 7 x 7 cm) mit einem Teigroller aus.

Gib die ausgerädelten Kissen auf ein mit Backpapier ausgelegtes Backblech und lass sie abgedeckt nochmals etwa 25 Minuten an einem warmen, zugfreien Ort gehen.

Während der Ruhezeit erhitzt du das Butterschmalz, eventuell gemischt mit dem Öl, auf ca. 170–175 °C. Gib dann je 2–3 Teiglinge vorsichtig in das heiße Fett und begieße sofort jeden Teigling in der Mitte mit einer Kelle heißem Frittierfett. Dadurch geht das Kissen so schön luftig auf.

Nach etwa 1,5–2 Minuten ist die Unterseite goldbraun. Dann solltest du das Kissen auf die andere Seite drehen. Nach weiteren etwa 2 Minuten ist das Kissen goldbraun und fertig. Nimm es aus dem Fett, lass es auf Küchenpapier abtropfen und abkühlen.

Staube die Kissen vor dem Servieren mit Puderzucker.

Derra Kiechla

Einfaches Schmalzgebäck zu Festen

Für manche mögen Derra Kiechla etwas »sandig« und »trocken« erscheinen. Für mich sind sie mit ihrem zarten Biss einfach perfekt, denn sie zergehen auf der Zunge. Sehr gut schmecken Derra Kiechla übrigens auch in Kaffee oder Kakao »gedudscht«, also getunkt.

ca. 1 Stunde plus ca. 30 Minuten Ruhezeit | für ca. 20 Stück

4 Eier

125 g in Stückchen geschnittene, kalte Butter

150 g Zucker

1 Pck. Vanillezucker

etwas Schalenabrieb von 1 unbehandelten Zitrone

100 g flüssige Sahne

1 Päckchen Backpulver

750 g Weizenmehl Type 405 plus etwas mehr für die Teigbearbeitung

Puderzucker zum Bestreuen

Außerdem

ca. 2 kg Butterschmalz oder Kokosfett zum Frittieren (richtet sich nach der Größe der Fritteuse)

Vermische die Zutaten (bis auf Puderzucker und Butterschmalz) und knete so lange, bis ein fester, glatter Teig entsteht. Stelle diesen etwa 30 Minuten abgedeckt kühl.

Teile den Teig in etwa 5–6 Portionen und rolle auf einer bemehlten Arbeitsfläche jede Portion etwa fingerdick aus. Schneide die Teigplatten in etwa 4–5 cm große Trapeze oder Dreiecke. In diese Formen schneidest du jeweils in die Mitte ein oder zwei Schlitze.

Erhitze nun das Butterschmalz in deiner Fritteuse (ca. 170–175 °C) und backe die Derra Kiechla darin aus. Pro Seite brauchen sie in etwa 4–5 Minuten. Das kann allerdings je nach Fritteuse etwas variieren – behalte sie also lieber im Auge und backe erst einmal ein paar Teststücke. Fertig sind sie, wenn sie außen goldbraun und innen trocken sind.

Zum Schluss kannst du dein fränkisches Gebäck noch mit Puderzucker stauben und sofort genießen! Alternativ kannst du sie einfrieren und erst nach dem Auftauen zuckern.

Zarte Rosenküchla

Knusprig und einfach schön

Für die zarten Rosenküchla, die fast ein wenig wie ein knuspriger Pfannkuchen schmecken, brauchst du auf jeden Fall ein spezielles Eisen. Die Rosenküchleform kann man aber mittlerweile zum Glück wieder online bestellen, wenn du kein Erbstück von deiner Oma oder Ähnliches zu Hause hast! Das Rezept ist schnell gemacht und optisch ein echtes Highlight.

ca. 1 Stunde plus ca. 30 Minuten Ruhezeit | für ca. 12–15 Stück

300 g Weizenmehl Type 405

250 ml Vollmilch plus etwas mehr zum Nachgießen

4 Eier

2 EL Zucker

1 TL Vanilleextrakt

Schalenabrieb von ½ unbehandelten Zitrone

einige Tropfen Rum oder Rumaroma

Puderzucker

Außerdem

ca. 2 kg Butterschmalz oder neutrales Pflanzenöl zum Frittieren (richtet sich nach der Größe der Fritteuse)

Rosenküchleform

Gib das Mehl in eine Rührschüssel und verrühre es mit der Milch, den Eiern, dem Zucker, dem Vanilleextrakt, dem Zitronenabrieb sowie dem Rum zu einem glatten Teig. Lass diesen etwa 30 Minuten quellen.

Erhitze derweil das Fett in deiner Fritteuse oder einem Topf auf ca. 180 °C. Gib das Eisen für etwa 10 Minuten hinein, damit es gut durchwärmt.

Gieße den Teig nun in einen weiten Suppenteller oder eine flache Schale, sodass du das Eisen gut hineintauchen kannst. Die Schale sollte nur etwas größer im Durchmesser als das Eisen sein. So geht möglichst wenig Teig verloren.

Tauche das Eisen zu etwa zwei Drittel in den Teig und gib es dann sofort ins heiße Fett. Bewege das Eisen vorsichtig hin und her, sodass sich nach etwa 1–1,5 Minuten das Rosenküchle von selbst vom Eisen löst. Falls es leicht festklebt, klopfe mit dem Eisen entweder gegen den Topfrand oder löse es vorsichtig mit einer Gabel sanft ab.

Wende dann das Rosenküchle und lass es von der anderen Seite etwa 45 Sekunden weiterbacken, bis es auf beiden Seiten goldbraun ist.

Lege das Rosenküchle zum Abtropfen auf Küchenkrepp und erhitze das Eisen kurz noch einmal im heißen Fett, bevor du das nächste Rosenküchle ausbackst.

Serviere das Gebäck noch lauwarm mit Puderzucker bestreut. Dazu schmeckt auch Eiscreme oder Fruchtkompott.

Österliche Eierringe

Perfekt zum Verschenken

Der Eierring – DAS fränkische Gebäck zu Ostern. Ursprünglich wurde er als Grundlage für das Patenbündel verwendet, also die Ostergeschenke von Paten für ihre Patenkinder zu Ostern. Als Kind erschien mir der Eierring groß wie ein Wagenrad und wir haben die Wochen nach Ostern täglich Eierring gefrühstückt. Einfach lecker mit Butter, Marmelade oder Honig!

ca. 1 Stunde plus ca. 40 Minuten Ruhezeit | für 1 großen Eierring oder 4–6 kleine

600 g Weizenmehl Type 405 plus etwas mehr für die Teigbearbeitung

1 TL Salz

10 g frische Hefe

3 EL Zucker

100 ml lauwarme Vollmilch plus 2 EL zum Bestreichen

200 g zimmerwarme Butter

3 zimmerwarme Eier

2 zimmerwarme Eigelb

Mandelblätter (optional)

Mische das Mehl mit dem Salz in eine Rührschüssel und forme eine Mulde in der Mitte. Darin vermischst du die Hefe mit dem Zucker sowie 2–3 EL Milch. Lass dieses »Dämpfchen« abgedeckt etwa 10 Minuten stehen, bis sich kleine Blasen bilden.

Dann gibst du die restliche Milch, die Butter, 2 Eier und 2 Eigelb hinzu und knetest alles zu einem glatten Teig. Diesen lässt du nun etwa 10 Minuten an einem warmen, zugfreien Ort gehen.

Teile den Teig für kleine Eierringe in 4–6 Portionen auf, für den großen lässt du den Teig als eine ganz Menge.

Drittle den Teig bzw. jede Teigportion und forme auf einer bemehlten Arbeitsfläche drei gleich lange, etwa finderdicke Stränge. Flechte die Stränge zu einem lockeren Zopf, dessen Enden du zu einem Kranz zusammenlegst. Bei kleinen Eierringen kannst du auch zwei Stränge miteinander verschlingen, statt zu flechten. Aus den Teigresten formst du eine Schnecke oder ein Häschen, das die Nahtstelle überdeckt.

Nun lässt du den Eierring/die Eierringe noch einmal etwa 30 Minuten an einem warmen, zugfreien Ort gehen.

Heize den Backofen auf 200 °C (Ober-/Unterhitze) vor und stelle ein kleines Schälchen mit Wasser hinein.

Verrühre die restlichen 2 EL Milch und das restliche Ei (1) miteinander und bestreiche den Eierring/die Eierringe mit der Mischung. Nach Wunsch dann die Mandelblättchen darüberstreuen.

Backe das Gebäck dann etwa 30–40 Minuten goldgelb.

Lockere Kretzaweckla

Bayreuther Spezialität

Ein Kretzaweckla kann man von der Konsistenz her am ehesten als weiches Milchbrötchen beschreiben. Ein bisschen süß, recht weich und einfach perfekt zum Frühstück. Der Name kommt wohl am ehesten von den »Krätzen« (Huckelkörben), in denen die Bäcker die Brötchen auf den Markt transportiert haben.

ca. 1 Stunde plus ca. 12 Stunden Ruhezeit | für ca. 12 Stück

500 g Weizenmehl Type 405 plus etwas mehr für die Teigbearbeitung

150 ml lauwarme Vollmilch

35 g Hefe

100 g zimmerwarme Butter

100 g Zucker

2 Eier

1 Prise Salz

ca. 30 g flüssige Butter zum Bestreichen

Gib das Mehl in eine Schüssel und drücke eine Mulde in die Mitte. Gib 4–5 EL Milch in die Mulde und brösele die Hefe in die Milch. Nimm etwas Mehl vom Rand und verrühre es vorsichtig mit Milch und Hefe. Jetzt deckst du die Schüssel ab und lässt den Vorteig etwa 15 Minuten an einem warmen, zugfreien Ort gehen.

Danach gibst du die restlichen Zutaten (bis auf die flüssige Butter) zum Vorteig und verarbeitest alles zu einem glatten Teig. Lass den Teig abgedeckt über Nacht an einem kühlen Ort gehen.

Am nächsten Morgen formst du auf einer bemehlten Arbeitsfläche etwa 8–10 gleich große ovale, flache Teiglinge. Lege diese mit etwas Abstand zueinander auf ein mit Backpapier ausgelegtes Backblech. Damit du die typische Form erhältst, schneidest du mit einem sehr scharfen Messer jeden Teigling zweimal ein.

Lass die Teiglinge nochmals etwa 30 Minuten abgedeckt gehen. Heize den Backofen auf 180 °C (Umluft) vor.

Backe die Kretzaweckla etwa 25 Minuten goldbraun. Bestreiche diese nach dem Backen noch warm mit der flüssigen Butter.

Bamberger Hörnla

Die fränkische Antwort auf Croissants

Nein, Bamberger Hörnla sind keine Croissants, auch wenn sie ganz ähnlich aussehen! Die Bamberger sind weniger fettig und auch etwas weniger knusprig. Ich muss gestehen, es ist nicht ganz einfach, diese selbst zu machen. Für dieses Buch habe ich die Bamberger mindestens fünfmal gebacken – also nicht verzweifeln, wenn es nicht direkt klappt!

ca. 1 Stunde plus ca. 16 Stunden Ruhezeit | für ca. 10 Bamberger Hörnla

- 500 g Weizenmehl Type 550 plus etwas mehr für die Teigbearbeitung
- 375 g lauwarme Vollmilch
- 10 g Hefe
- 10 g Salz
- 10 g Zucker
- 250 g sehr kalte Butter

Gib das Mehl in eine Rührschüssel, gib die restlichen Zutaten bis auf die Butter dazu und knete alles zu einem glatten Teig. Erst wenn er sich von der Schüssel löst, ist er fertig. Das kann gut und gerne 10 Minuten dauern. Im Anschluss lässt du den Teig mindestens 3 Stunden ruhen.

Nach dem Ruhen rollst du den Teig auf einer bemehlten Arbeitsfläche auf eine Stärke von etwa 0,5 cm aus. Dann schneidest du die Butter in Scheiben und legst diese auf eine Hälfte des Teigs.

Nun geht es ans Tourieren – (siehe dazu die Anleitung für Plunderteig mit Illustration auf Seite 14). Klappe die andere Hälfte wie einen Briefumschlag darüber, drehe den Teig um 90° und rolle ihn wieder auf die ursprüngliche Größe aus. Dann faltest du ihn, drehst ihn und rollst ihn wieder. Diesen Vorgang wiederholst du drei- bis viermal. Wenn der Teig zwischendurch zu warm wird, solltest du ihn kühlen.

Lass den Teig abgedeckt über Nacht in der Kühlung ruhen.

Rolle am nächsten Tag den fertigen Teig etwa 0,5 cm dick aus und schneide 10 Dreiecke aus. Achte dabei darauf, dass diese lang und dünn sind, damit du sie viermal wickeln kannst. Nach dem Aufwickeln ziehst du die Ecken zusammen, damit eine sichelförmige Form entsteht.

Lass die Hörnla ein letztes Mal abgedeckt etwa 30 Minuten gehen und backe sie dann im auf etwa 210 °C vorgeheizten Backofen (Ober-/Unterhitze). Spritze zu Beginn des Backvorgangs 2–3 EL Wasser in den Backofen, um Dampf zu erzeugen. Die Backzeit beträgt etwa 16 Minuten.

Köstlich

Lockerer Weißweinkuchen

Getränkt mit Weinsirup

Der Weißweinkuchen war eine Spezialität meiner Familie im Frankenwald. Ich kann mich noch erinnern, dass ich als Kind nur den gebackenen Kuchen bekam, aber nicht den »Sirup« dazu ... Heute ist mir vollkommen klar, wieso! Dabei schmeckt der eher trockene Kuchen durch das Tränken mit frischem Wein noch dreimal so gut.

ca. 70 Minuten | für 1 Kuchen (1 Gugelhupfform)

- 5 Eier
- 1 Prise Salz
- 200 g zimmerwarme Butter plus etwas mehr für die Form
- 150 g Zucker
- 1 Pck. Vanillezucker
- 300 g Weizenmehl Type 405 plus etwas mehr für die Form
- 100 g Speisestärke
- 2 TL Backpulver
- Schalenabrieb von ½ unbehandelten Zitrone
- 450 ml trockener Weißwein (z. B. Riesling)
- Puderzucker

Trenne zuerst die Eier, gib dabei das Eiweiß in eine Rührschüssel und die Eigelbe in eine Schale. Schlage das Eiweiß mit dem Salz steif. Stelle es kühl, da du es erst am Ende wieder brauchst.

Rühre nun die Butter mit dem Zucker und dem Vanillezucker etwa 5 Minuten weißlich. Als Nächstes rührst du die Eigelbe einzeln unter, sodass die Masse immer cremiger wird.

Mische das Mehl, die Speisestärke, das Backpulver und den Schalenabrieb in eine Schale. Gib die Mehlmischung portionsweise auf die Ei-Butter-Creme und hebe sie im Wechsel mit 200 ml Wein unter. Hebe zuletzt das steif geschlagene Eiweiß unter den Teig.

Gieße den Teig in eine gebutterte und bemehlte Backform, streiche ihn glatt und backe ihn im auf 175 °C vorgeheizten Backofen (Ober-/Unterhitze) etwa 55–60 Minuten (Stäbchenprobe machen). Lass den Weißweinkuchen auskühlen.

Staube den Gugelhupf zum Servieren mit Puderzucker und reiche den restlichen Wein (250 ml) dazu: So kann jeder den Kuchen nach Wunsch tränken. Ich verwende pro Stück etwa 1–2 EL Wein, damit der Kuchen schön saftig, aber nicht matschig wird.

Mein Tipp

Wer es süßer mag, kann den Wein auch 1:1 mit Zucker zu Sirup kochen und dann zum Tränken verwenden.

Kerwa-Streuselkuchen

Mit Quark und Mohn

Eigentlich werden die Kerwa-Kuchen auf einem großen runden Blech mit einem Durchmesser von ca. einem Meter gebacken, damit sie für die ganze Kirchweih-Gesellschaft reichen. Im heimischen Ofen kriegen wir das natürlich nicht hin – deshalb habe ich das Rezept für eine Springform mit 28 cm Durchmesser adaptiert. Trotzdem sehr lecker!

ca. 80 Minuten plus ca. 1 Stunde Ruhezeit | für 1 Springform (28 cm Durchmesser)

½ Würfel Hefe

250 ml lauwarme Vollmilch

700 g Weizenmehl Type 405 plus etwas mehr für die Teigbearbeitung

325 g Butter plus etwas mehr für die Form

4 Eier

1 TL Vanilleextrakt

205 g Zucker

400 g Magerquark

100 g flüssige Sahne

1 Pck. Vanillepuddingpulver

1 Pck. Mohnzubereitung zum Backen (alternativ halbes Rezept siehe Seite 100, Mohnkuchen vom Blech)

Löse die Hefe in der Milch auf. Gib 500 g Mehl in eine Rührschüssel und gib 200 g zimmerwarme Butter, 3 zimmerwarme Eier, das Vanilleextrakt, 125 g Zucker und die Milch-Hefe-Mischung zu. Knete einen glatten Teig daraus und lass ihn für etwa 1 Stunde abgedeckt an einem warmen, zugfreien Ort ruhen.

Für die Käsekuchenmasse füllst du den Quark in eine Rührschüssel und rührst ihn glatt. Gib dann die Sahne, das Puddingpulver und das restliche Ei (1) dazu und rühre alles glatt.

Für die Streusel füllst du die restliche Butter (125 g), den restlichen Zucker (80 g) sowie das restliche Mehl (200 g) in eine Schüssel und knetest alles zu einem bröseligen Teig. Stelle diesen anschließend abgedeckt etwa 30 Minuten kalt.

Rolle den Hefeteig auf einer bemehlten Arbeitsfläche kreisförmig aus, sodass er in die mit Butter eingestrichene Springform passt. Achte dabei darauf, dass der Teig gut an den Rand der Form anschließt.

Verteile die Käsekuchenmasse auf dem Hefeteig und streiche sie glatt. Verteile die Mohnfüllung in Klecksen auf der Käsekuchenmasse.

Streue die Streusel gleichmäßig über die Käsekuchenmasse.

Backe den Kuchen 50–55 Minuten im auf 180 °C vorgeheizten Backofen (Ober-/Unterhitze).

Schwarzbeerkuchen

Mit cremigem Schmandguss

Schwarzbeeren, das ist der fränkische Name für Heidelbeeren. Damit meine ich die kleinen Waldheidelbeeren, nicht die großen Zuchtheidelbeeren – denn nur die färben die Zähne und den Mund so schön dunkel nach dem Genuss. Wenn du keine Waldheidelbeeren bekommst, schmeckt der Kuchen aber natürlich auch mit der (weniger farbintensiven) Zucht-Variante.

ca. 1 Stunde | für 1 Springform (26 cm Durchmesser)

200 g Weizenmehl Type 405 plus etwas mehr für die Teigbearbeitung
½ Pck. Backpulver
125 g Magerquark
4 EL neutrales Pflanzenöl
4 EL Vollmilch
105 g Zucker
200 g Schmand
1 TL Vanilleextrakt
2 Eier
350 g Waldheidelbeeren
Butter für die Form

Mische das Mehl mit dem Backpulver in eine Rührschüssel und gib den Quark, das Öl, die Milch und 80 g Zucker dazu. Knete alles zu einem glatten Teig.

Rolle diesen auf einer bemehlten Arbeitsfläche kreisförmig aus. Lege den Teig anschließend in die mit Butter eingepinselte Springform und ziehe ihn am Rand einige Zentimeter hoch, sodass ein Teigrand entsteht.

Für den Schmandguss vermischst du den Schmand, den restlichen Zucker (25 g), das Vanilleextrakt und die Eier zu einer glatten Masse.

Verteile die Heidelbeeren gleichmäßig auf dem Teigboden. Fülle den Schmandguss in die Form und streiche ihn glatt.

Backe den Kuchen 35–40 Minuten im auf 180 °C vorgeheizten Backofen (Ober-/Unterhitze). Sobald der Schmand auf dem Kuchen nicht mehr flüssig ist, ist der Kuchen fertig.

Süß-saurer Träubleskuchen

Rote Johannisbeeren & Baiser

Als Kind war ich immer etwas enttäuscht, wenn es bei meiner Großmutter nur »Ribiselkuchen« zum Kaffee gab. Denn die sauren roten Johannisbeeren waren so gar nicht mein Ding. Doch manches ändert sich zum Glück, wenn man älter wird: Heute finde ich den Kontrast aus sauren Beeren und süßem Baiser mit knusprigem Teig ziemlich lecker!

ca. 90 Minuten | für 1 Springform (26 cm Durchmesser)

250 g Weizenmehl Type 405 plus etwas mehr für die Teigbearbeitung

1 TL Backpulver

300 g Zucker

125 g Butter

1 Ei

500 g rote Johannisbeeren

5 Eiweiß

100 g gemahlene Mandelkerne

60 g Speisestärke

Verknete das Mehl mit dem Backpulver, 125 g Zucker, Butter und dem ganzen Ei in einer Rührschüssel zu einem glatten Teig. Rolle zwei Drittel davon auf einer bemehlten Fläche etwa 1 cm dick aus und lege ihn in die mit Backpapier ausgelegte Form.

Forme aus dem verbleibenden Drittel einen Rand und drücke ihn in die Form. Stich den Boden mehrmals mit einer Gabel ein.

Heize den Ofen auf 180 °C Ober-/Unterhitze oder 160 °C (Umluft) vor.

Für den Belag wäscht du die Johannisbeeren und streifst sie von den Rispen ab. Lass die Beeren in einem Sieb gut abtropfen.

Jetzt schlägst du die Eiweiße sehr steif und gibst dabei nach und nach den restlichen Zucker (175 g) dazu. Dann rührst du vorsichtig die Mandeln und die Speisestärke unter. Zuletzt gibst du die trockenen Beeren dazu.

Verteile die Johannisbeer-Baiser-Masse gleichmäßig auf dem Boden und backe den Kuchen auf mittlerer Schiene etwa 50–60 Minuten.

Scheiterhaufen mit Äpfeln

Süße Resteverwertung

Bei Oma wird nichts weggeworfen! Außer »Bröggala« für Klöße kann aus altem Brot auch ein leckerer Auflauf werden. Der Scheiterhaufen ist ideal für Weißbrotreste. Geschichtet mit Apfel, übergossen mit Eiermilch und serviert mit Vanillesauce wird daraus ein tolles süßes Hauptgericht.

ca. 90 Minuten | für 1 Auflaufform

Für den Scheiterhaufen

6 Milchsemmeln vom Vortag

6 säuerliche Äpfel (z.B. Boskoop)

gemahlener Zimt

50 g Rosinen (optional)

3 Eier

500 ml Vollmilch

4 EL Zucker

80 g Butter plus etwas mehr für die Form

Puderzucker

Für die Vanillesauce

500 ml Vollmilch

2 EL Zucker

15 g Stärkemehl

2 TL Vanilleextrakt oder Mark von 1 Vanilleschote

½ TL Kurkuma (optional)

Scheiterhaufen

Fette eine Auflaufform mit etwas Butter und heize den Backofen auf 200 °C (Ober-/Unterhitze) vor.

Schneide die Semmeln in schmale Scheiben. Schäle und entkerne die Äpfel und schneide sie dann in etwa 0,5 cm dicke Scheiben.

Nun fängst du an, die Semmeln und Äpfel zu schichten. Lege zuerst eine Schicht der geschnittenen Semmeln in die Auflaufform und darüber eine Schicht Äpfel. Dann bestreust du die Apfelschicht mit etwas Zimt und gibst nach Wunsch Rosinen dazu. So stapelst du weiter, bis keine Semmeln und Äpfel mehr übrig sind.

Für die Eiermilch verquirlst du die Eier und gibst dann die Milch und den Zucker hinzu. Rühre die Mischung gut um und gieße sie über die gestapelten Semmeln und Äpfel.

Die Butter streust du in kleinen Stückchen über den Auflauf. Lass den Scheiterhaufen etwa 1 Stunde backen. Nimm den Scheiterhaufen nach dem Backen aus dem Ofen und bestreue ihn mit Puderzucker.

Vanillesauce

Für die Sauce verrühre 100 ml Milch mit dem Zucker und dem Stärkemehl. Koche die restliche Milch auf.

Rühre die glatt gerührte Stärke darunter, gib das Vanillemark und nach Wunsch die Kurkuma dazu und lasse alles etwa 2 Minuten unter Rühren weiterköcheln.

Serviere die Sauce heiß oder lauwarm zum Scheiterhaufen.

Käsplootz mit Rosinen

Käsekuchen zur Kirchweih

Rosinen-Hasser bitte weiterblättern! Wer aber Rosinen liebt wie ich, der wird diesen Käsekuchen ebenfalls lieben. Er ist durch den Quark-Öl-Teig schnell gemacht und schmeckt einfach lecker. Übrigens bedeutet »Plootz« so viel wie großer, niedriger Blechkuchen. Dieser wurde früher mit der Restwärme des Brotbackofens gebacken.

ca. 80 Minuten plus 12 Stunden Ruhezeit | für 1 Springform (26 cm Durchmesser)

50 g Rosinen

3 EL Rum

200 g Weizenmehl Type 405 plus etwas mehr für die Teigbearbeitung

½ Pck. Backpulver

800 g Magerquark

4 EL neutrales Pflanzenöl

4 EL Vollmilch

205 g Zucker

2 Eier

1 Pck. Vanillepuddingpulver

3 EL flüssige Sahne

1 TL Vanilleextrakt

50 g Butter plus etwas mehr für die Form

Wasche die Rosinen und lege die Hälfte über Nacht in Rum ein. Die andere Hälfte wird mit lauwarmem Wasser eingeweicht.

Gib das Mehl mit dem Backpulver in eine Rührschüssel und gib 125 g Quark, das Öl, die Milch und 80 g Zucker zu. Knete alles zu einem glatten Teig.

Rolle diesen auf einer bemehlten Arbeitsfläche kreisförmig aus. Lege den Teig anschließend in die mit Butter eingepinselte Springform und ziehe ihn am Rand einige Zentimeter hoch, sodass ein Teigrand entsteht.

Für die Quarkfüllung gießt du alle Rosinen durch ein Sieb ab und lässt sie gut abtropfen.

Fülle den restlichen Quark (675 g) in eine Rührschüssel und rühre ihn glatt. Gib den restlichen Zucker (125 g) und die Eier zu und vermische alles. Rühre das Puddingpulver, die Sahne und das Vanilleextrakt unter. Schmilz die Butter und mische sie unter die Quarkfüllung.

Tupfe die Rosinen leicht mit einem Küchenpapier ab und hebe sie vorsichtig unter die Quarkfüllung.

Fülle die Quarkfüllung auf den Quark-Öl-Teigboden und streiche sie glatt. Backe den fertigen Käsplootz etwa 45 Minuten im auf 180 °C vorgeheizten Backofen (Ober-/Unterhitze).

Weintraubenschnitten

Etwas aufwendig, aber lohnt sich

Gesehen habe ich dieses Gebäck zum ersten Mal in Unterfranken und ich war sofort beeindruckt von den Weintraubenschnitten: Denn der Kuchen sieht aus wie eine ganze Weintraube in Schokolade getaucht. Knackige Schokolade, cremige Vanillefüllung, ein zarter Nussboden und saftige Trauben machen dieses Kleingebäck zu einem besonderen Genuss!

ca. 80 Minuten plus 3 Stunden Ruhezeit | für ca. 10–12 Sück

150 g Weizenmehl Type 405 plus etwas mehr für die Teigbearbeitung

1 gestr. TL Backpulver

75 g gemahlene Haselnusskerne

215 g Butter

130 g Zucker

1 Pck. Vanillezucker

1 Ei

250 ml Vollmilch

25 g Vanillepuddingpulver

ca. 250 g Weintrauben (blau, grün oder gemischt)

250 g Zartbitterkuvertüre (ca. 55 % Kakaoanteil)

Mische das Mehl mit dem Backpulver in einer Rührschüssel und füge die Haselnusskerne, 90 g Butter, 100 g Zucker, den Vanillezucker und das Ei zu. Knete alles zusammen und stelle den Teig dann abgedeckt mindestens 2 Stunden kalt.

Rolle den Teig auf einer bemehlten Arbeitsfläche etwa 0,5 cm dick aus und stich bzw. schneide Dreiecke aus. Backe diese etwa 15–20 Minuten im auf 175 °C vorgeheizten Backofen (Ober-/Unterhitze) goldbraun.

Lass die Plätzchen auskühlen.

Koche mit der Milch, dem restlichen Zucker (30 g) und dem Puddingpulver den Pudding nach Packungsanleitung und lass ihn erkalten. Decke ihn beim Abkühlen mit einer Frischhaltefolie ab, damit sich keine Haut bildet. Schlage dann die restliche zimmerwarme Butter (125 g) etwa 5 Minuten weißlich-cremig und rühre den Pudding esslöffelweise unter.

Wasche die Weintrauben und trockne sie sorgfältig ab, da sie sonst nicht auf der Creme haften.

Bestreiche die abgekühlten Plätzchen mit einer Schicht Buttercreme, belege sie dicht mit Trauben und drücke diese dabei etwas in die Creme. Je nach Größe des Plätzchens sind das 6–8 Weintrauben.

Für die Glasur schmilzt du die Kuvertüre und lässt sie einige Minuten abkühlen, sodass sie nicht mehr ganz so heiß ist.

Gib die Glasur vorsichtig und gleichmäßig über die Plätzchen, lass sie erstarren und stelle die Weintraubenschnitten vor dem Servieren noch einmal etwa 30 Minuten kalt.

Omas Buttercremetorte

Mit Himbeeren und Vanille

Eine Buttercremetorte sieht man heute nur noch ganz selten auf Kaffeetafeln. Schade eigentlich, denn wenn man sie richtig macht, ist es ein ganz besonderer Genuss zu Festtagen! Meine Großeltern bekommen heute noch leuchtende Augen, wenn sie erzählen, dass zu ihrem Schulabschluss nach Kriegsende jeder ein Stück Buttercremetorte von der Lehrersfrau bekommen hat. Damit ist diese Torte essbare Erinnerung!

ca. 90 Minuten plus 15 Stunden Ruhezeit | für 1 Springform (24 cm Durchmesser)

1 Biskuitboden (siehe Seite 11)
500 ml Vollmilch
80 g Zucker
1 Pck. Vanillepuddingpulver
250 g Butter
ca. 200 g Himbeergelee
ca. 200 g geröstete Mandelblättchen
frische Himbeeren

Außerdem

Spritzbeutel mit feiner Tülle

Bereite den Biskuitboden vor und backe den Teig im auf 180 °C vorgeheizten Backofen (Ober-/Unterhitze) etwa 20 Minuten goldbraun. Lass den Boden am besten über Nacht gut auskühlen.

Koche aus der Milch, dem Zucker und dem Puddingpulver einen Pudding nach Packungsanleitung. Lass den Pudding abkühlen. Lege am besten eine Frischhaltefolie während des Abkühlens darauf, damit der Pudding keine Haut bekommt.

Rühre die Butter, bis sie weißlich-cremig ist. Mische dann esslöffelweise den Pudding unter, sodass eine glatte Creme entsteht.

Wenn der Biskuitboden ausgekühlt ist, schneidest du ihn zweimal durch, sodass 3 Lagen entstehen.

Fange nun an, deine Torte zu schichten. Dafür startest du mit der untersten Lage. Platziere sie mit der Schnittfläche nach oben auf einer Tortenplatte. Rühre das Himbeergelee glatt und verstreiche etwa die Hälfte davon auf der Schnittfläche, anschließend eine dünne Schicht Buttercreme. Lege die mittlere Lage darauf, drücke sie sanft an und verstreiche das restliche Himbeergelee und eine weitere dünne Schicht Buttercreme darauf. Als Abschluss die letzte Lage mit der Schnittfläche nach unten auflegen und ebenfalls sanft andrücken.

Streiche die gesamte Torte mit Buttercreme ein und verziere sie am Rand mit gerösteten Mandelblättchen. Fülle die restliche Buttercreme in eine Spritztüte mit feiner Tülle und verziere die Torte mit kleinen Buttercremetupfen. Setze die Himbeeren auf die Tupfen.

Stelle die Torte vor dem Servieren mindestens 2–3 Stunden kalt.

Saftige Kartoffeltorte

Glutenfrei und fein

Die Kartoffeltorte habe ich im handgeschriebenen Kochbuch meiner Uroma entdeckt. In »Notzeiten« war es ganz üblich, nur mit dem zu backen, was man vorrätig hatte. Das ursprüngliche Rezept verwendet Mehl, aber mit gemahlenen Mandeln wird es ebenso gut und sogar glutenfrei!

ca. 90 Minuten plus 12 Stunden Ruhezeit | für 1 Springform (26 cm Durchmesser)

250 g mehligkochende Kartoffeln

Salz

6 Eier

150 g Zucker

100 g Schokoraspel

1 TL Vanilleextrakt

150 g gemahlene Mandelkerne

ca. 200 g Zartbitterkuvertüre

Zuckerdekor oder Puderzucker

Koche die Kartoffeln in Salzwasser, gieße sie ab und lass sie anschließend über Nacht auskühlen.

Schäle die Kartoffeln und drücke sie durch die Kartoffelpresse. Alternativ kannst du sie auch mit einem Stampfer oder einer Gabel fein zerkleinern.

Trenne die Eier und gib Eiweiß und Eigelb in getrennte Rührschüsseln. Schlage das Eiweiß mit 1 Prise Salz steif.

Heize den Backofen auf 180 °C (Ober-/Unterhitze) vor.

Schlage das Eigelb mit dem Zucker dick-schaumig und mische die Schokoraspel, das Vanilleextrakt, die Mandeln und die Kartoffeln unter. Hebe zum Schluss das steif geschlagene Eiweiß gleichmäßig unter.

Fülle den Teig in die mit Backpapier ausgelegte Springform, streiche ihn glatt und backe den Kuchen für etwa 45 Minuten.

Lass den Kuchen auf einem Kuchengitter auskühlen und löse ihn dann aus der Form.

Schmilz die Kuvertüre nach Packungsanleitung und überziehe den Kuchen damit. Garniere den Kuchen mit Zuckerdekor, solange die Glasur noch weich ist, oder bestreue ihn kurz vor dem Servieren mit Puderzucker.

Mein Tipp

Du kannst die Schokoraspel auch weglassen und den Kuchen stattdessen einmal waagerecht halbieren. Fülle ihn dann mit glatt gerührter Fruchtkonfitüre nach Wahl (z.B. Aprikosenkonfitüre) und überziehe ihn mit Schokoglasur. Auch lecker!

Klassische Eierlikörtorte

Festlich mit Schwips

Die gute alte Eierlikörtorte. Mich verbindet mit Omas Liebling eine besondere Geschichte. Denn mit 5 Jahren habe ich an Ostern heimlich den Eierlikör von einem Teil der Torte gelöffelt und ein sehr »lustiges« Osterfest verbracht. Natürlich hat das damals für viel Ärger gesorgt – heute lachen wir aber gern darüber, wenn wir eine solche Torte backen.

ca. 80 Minuten plus 2–12 Stunden Ruhezeit | für 1 Springform (26 cm Durchmesser)

80 g zimmerwarme Butter
100 g Zucker
5 Eier
1 TL Rum (optional)
200 g gemahlene Mandelkerne
100 g geriebene Zartbitterschokolade
25 g Weizenmehl Type 405
1 TL Backpulver
ca. 350 g Schattenmorellen (720-ml-Konserve)
35 g Stärkemehl
4 TL Vanillezucker
500 g flüssige Schlagsahne
4–5 TL Sahnestandmittel
Eierlikör
Belegkirschen
Schokoladenraspel (optional)

Außerdem

Spritzbeutel mit Sterntülle

Heize den Ofen auf 160 °C (Umluft) vor.

Rühre die Butter mit dem Zucker etwa 5 Minuten sehr cremig. Trenne die Eier und gib Eiweiß in eine Rührschüssel, die Eigelbe in eine Schale. Ziehe die Eigelbe nach und nach unter die cremige Buttermasse. Nach Wunsch dann den Rum untermischen.

Danach hebst du die Mandeln, die Schokolade, das Mehl und das Backpulver abwechselnd unter.

Zuletzt schlägst du das Eiweiß steif und hebst es vorsichtig unter den Teig.

Fülle den Teig in die mit Backpapier ausgelegte Springform und streiche die Masse glatt. Backe den Boden etwa 30–35 Minuten auf mittlerer Schiene.

Nimm den Kuchen heraus und lass ihn abkühlen. Löse den Kuchenboden aus der Form.

Für den Belag lässt du die Kirschen abtropfen und fängst dabei den Saft auf. Rühre die Stärke mit 2 TL Vanillezucker und etwa 6 EL Kirschsaft glatt. Den restlichen Saft kochst du auf und rührst die Stärke-Saft-Mischung in den kochenden Saft ein.

Lass alles etwa 2 Minuten weiter köcheln und gib zum Schluss die abgetropften Kirschen in die Masse. Lass die Kirschfüllung dann etwas abkühlen.

Dann nimmst du einen Tortenring und legst ihn um den ausgekühlten Kuchen. Streiche die noch lauwarme Kirschmasse auf den ausgekühlten Boden und lass dann alles (mindestens 1 Stunde, am besten über Nacht) komplett auskühlen.

Danach schlägst du die Sahne mit dem restlichen Vanillezucker (2 TL) und dem Sahnestandmittel auf. Streiche etwa drei Viertel der Sahne auf die abgekühlte Kirschmasse, die restliche Sahne füllst du in einen Spritzbeutel mit Sterntülle und verzierst den Tortenrand mit durchgehenden doppelreihigen Rosetten (der Eierlikör soll ja nicht abfließen).

Stelle die Torte mindestens eine Stunde in den Kühlschrank, bevor du den Tortenring löst.

Kurz vor dem Servieren lässt du den Eierlikör über die Rückseite eines großen Löffels vorsichtig als Spiegel auf die Torte laufen. Die Rosetten dekorierst du mit Belegkirschen und streust nach Wunsch noch etwas Schokoladenraspel darüber.

Coburger Schmätzchen

Honiggebäck aus Coburg

Dieses Gebäck braucht seine Zeit, um zu reifen. Denn frisch gebacken sind diese Honig-Pfefferkuchen recht hart und man kann sich im wahrsten Sinne des Wortes die Zähne daran ausbeißen. Deshalb empfehle ich dir, die Schmätzchen rechtzeitig vor Weihnachten zu backen – am besten schon im November rund um den Buß- und Bettag. Dann schmecken sie im Advent richtig gut, wenn sie in einer Dose gereift sind!

ca. 1 Stunde plus 10 Minuten Ruhezeit | für ca. 30 Stück

50 g Zitronat
2 Eier
5 EL flüssiger Honig
10 g Lebkuchengewürz
1 Prise Salz
50 g gemahlene Mandelkerne
50 g gemahlene Haselnusskerne
2 EL Rum
300 g Weizenmehl Type 405 plus etwas mehr für die Teigbearbeitung
½ Pck. Backpulver
Zuckerglasur (optional)

Hacke zuerst das Zitronat sehr fein. Danach gibst du es zusammen mit den Eiern, 4 EL Honig, dem Lebkuchengewürz, dem Salz, den Mandeln und Nüssen in eine Schüssel und verrührst alles zu einem zähen Teig.

Gib den Rum dazu und mische das Mehl und das Backpulver in die Schüssel. Knete alles zu einem glatten Teig und lass ihn etwa 10 Minuten abgedeckt ruhen.

Heize den Backofen auf 160 °C (Umluft) vor.

Jetzt formst du aus der Masse etwa walnussgroße Kugeln und legst sie nicht zu dicht auf ein mit Backpapier ausgelegtes Backblech. Zum Schluss rührst du den restlichen Honig (1 EL) mit etwas heißem Wasser an und bestreichst die Kugeln kurz vor dem Backen damit.

Backe die Kugeln etwa 20 Minuten. Nach Wunsch können sie nach dem Backen dünn mit einer Zuckerglasur bestrichen werden. Da die Schmätzchen nach dem Backen erst hart sind, sollten sie einige Zeit vor dem Verzehr in einer Blechdose gelagert werden.

Kulmbacher Butterbrote

Besonderes Weihnachtsgebäck

Kulmbach liegt nur um die 20 Kilometer von Bayreuth, meinem Geburtsort, entfernt. Und trotzdem hatte ich noch nie von Butterbroten gehört, bis ich Felix getroffen habe! Das ist sehr schade, denn die Gewürzplätzchen mit Zitronenglasur in Form von kleinen Butterbroten sind sehr lecker! Nun gehören sie im Advent einfach bei uns dazu.

ca. 45 Minuten plus 12 Stunden Ruhezeit | für ca. 40 Stück

250 g kalte Butter
125 g Zucker
1 Eigelb
2 Eier
1 ½ TL gemahlener Zimt
1 TL gemahlene Gewürznelken
70 g Backkakaopulver
375 g Weizenmehl Type 405 plus etwas mehr für die Teigbearbeitung
200 g Puderzucker
3–4 EL Zitronensaft

Außerdem

Ausstecher für Kulmbacher Butterbrote (optional)

Schneide die Butter in kleine Würfel. Gib alle Zutaten bis auf den Puderzucker und den Zitronensaft in eine Schüssel und verknete sie zu einem glatten Teig. Decke ihn ab und lass ihn über Nacht stehen.

Rolle den Teig am nächsten Tag auf einer bemehlten Arbeitsfläche daumendick aus und stich die Butterbrote aus. Lege Sie nebeneinander auf ein mit Backpapier ausgekleidetes Backblech.

Backe die Butterbrote 8–10 Minuten im auf 200 °C vorgeheizten Backofen (Ober-/Unterhitze), bis sie leicht braun sind.

Lass die Brote auskühlen.

Rühre den Puderzucker mit dem Zitronensaft glatt und streiche die Butterbrote mit der Zuckerglasur ein.

Mein Tipp

Ausstecher für Kulmbacher Butterbrote sind nicht einfach zu bekommen. Schau am besten auf Christkindlesmärkten in der Region oder Second-Hand-Plattformen nach, denn die Formen werden nur noch selten gefertigt. Genauso lecker schmecken die Plätzchen aber auch als Herzen oder Kreise!

Klassische Lebkuchen

Mit viel Nuss und Glasur

Franken und Lebkuchen, das gehört einfach zusammen. In diesem Buch gibt es deshalb auch mehrere Rezepte für Lebkuchen – den Anfang macht der Klassiker ohne Mehl, auch bekannt als Elisen-Lebkuchen, wie sie Oma immer gebacken hat.

ca. 1 Stunde plus 12 Stunden Ruhezeit | für ca. 18 Stück

- 80 g Orangeat
- 80 g Zitronat
- 200 g gemahlene Mandelkerne
- 320 g Eier, ohne Schale (ca. 6 Eier)
- 180 g feiner brauner Zucker
- 2 EL flüssiger Honig
- 2 ½ TL gemahlener Zimt
- 200 g gemahlene Haselnusskerne
- 100 g geröstete gehackte Haselnusskerne
- 50 g fein gehackte Walnusskerne
- 1 ½–2 TL Lebkuchengewürz
- 1 Prise Salz
- Oblaten (70 mm Durchmesser)
- Schokoladen- oder Zuckerglasur (optional)

Zerkleinere das Orangeat und das Zitronat in sehr kleine Stückchen. Damit es weniger klumpt, kannst du es mit den gemahlenen Mandeln mischen.

Danach schlägst du die Eier in einer Rührschüssel zusammen mit dem Zucker und dem Honig 5–10 Minuten sehr schaumig.

Füge dann den Zimt, das Orangeat-Zitronat-Gemisch, alle Nusskerne, das Gewürz und das Salz hinzu und vermische alles vorsichtig.

Lass den Teig abgedeckt etwa 12 Stunden in einem kühlen Raum oder im Kühlschrank quellen. Die Masse ist danach sehr zäh und lässt sich leicht auf einer Oblate verteilen.

Nach der Ruhezeit heizt du den Backofen auf 160 °C (Umluft) vor.

Lege Backpapier auf ein Backblech und bestreiche die Oblaten in der gewünschten Dicke (pro Oblate ca. 1–2 EL Teig). Anschließend solltest du die Masse mit einem Messer glattstreichen. Mit einem Lebkuchenformer funktioniert es natürlich am besten: Dazu füllst du die Form mit Teig und streichst in glatt. Anschließend musst du nur das Oberteil des Formers drehen und den Lebkuchen auf das Backblech gleiten lassen.

Dann backst du die Lebkuchen auf mittlerer Schiene 20–25 Minuten. Die Lebkuchen sind fertig, sobald die Ränder anfangen, braun zu werden.

Nachdem die Lebkuchen ausgekühlt sind, kannst du sie nach Wunsch mit Schokoladenglasur oder Zuckerguss bestreichen und verzieren.

Honigkuchen vom Blech

Mit Trockenfrüchten und Nüssen

Honigkuchen erinnern mich immer an das Märchen von Hänsel und Gretel. Die weichen Lebkuchen vom Blech schmecken einfach super und halten sich in einer Dose mehrere Wochen. Das Highlight für mich ist immer die Belegkirsche in der Mitte ...

ca. 1 Stunde | für 1 Backblech (20 x 30 cm)

80 g Butter

140 g flüssiger Honig (z.B. Wald- oder Buchweizenhonig)

100 g Zuckerrübensirup

1 Ei

200 g Weizenmehl Type 405

½ TL Backpulver

100 g gemahlene Mandelkerne

1 TL gemahlener Zimt

½ TL gemahlener Ingwer

½ TL gemahlener Kardamom

ca. 100 g Orangengelee

6 Belegkirschen

geschälte, halbierte Mandelkerne

Lass die Butter bei geringer Hitze schmelzen. Danach verrührst du den Honig, den Sirup, das Ei und die geschmolzene Butter zu einer homogenen Masse.

Mische das Mehl mit dem Backpulver, den gemahlenen Mandeln und den Gewürzen.

Gib die Mehlmischung zur Honigmasse und knete mit den Knethaken des Rührgeräts, bis ein zäher Teig entsteht. Lass diesen 10–15 Minuten ruhen.

Heize den Backofen auf 160 °C (Umluft) vor.

Verstreiche den Teig auf dem mit Backpapier ausgelegten Backblech und backe ihn etwa 10–12 Minuten.

Schneide den Honigkuchen, sobald er leicht abgekühlt ist, in 6 quadratische Stücke.

Erwärme das Orangengelee, bis es flüssig ist, und bestreiche damit die Honigkuchenstücke.

Verziere die Stücke mit Belegkirschen und Mandelkernen. Danach lässt du die Honigkuchen trocknen.

Mein Tipp

Beim Verzieren sind keine Grenzen gesetzt! Auch Zitronat oder Orangeat, gehackte Haselnüsse oder halbe Walnüsse sehen sehr schön auf den Honigkuchen aus.

Zarte Weißwein-Plätzchen

Fein und einfach

Wir Franken lieben unseren Wein. Also wieso sollte man diesen nicht auch für Plätzchen verwenden? Die Weißwein-Plätzchen sind für mich die fränkische Antwort auf Vanillekipferl. Denn der Grundteig ist ähnlich zart und die Plätzchen werden ebenfalls in Vanillezucker gewälzt. Durch den Wein bekommt das Gebäck aber ein besonders feines Aroma!

ca. 1 Stunde plus 12 Stunden Ruhezeit | für ca. 50 Stück

125 g Zucker

125 g zimmerwarme Butter

125 g zimmerwarmes Butterschmalz

2 Eigelb

1 ½ Pck. Vanillezucker

2–2 ½ EL Weißwein (möglichst halbtrocken und fruchtig, z. B. Bacchus)

380 g Weizenmehl Type 405 plus etwas mehr für die Teigbearbeitung

Vanillezucker-Zucker-Mischung zum Wenden

Rühre den Zucker, die Butter und das Butterschmalz schaumig. Gib nach und nach die Eigelbe, den Vanillezucker und den Weißwein dazu. Zum Schluss knetest du das Mehl unter, bis ein glatter Teig entsteht.

Gib den Teig in eine luftdicht verschlossene Schüssel und stelle ihn über Nacht abgedeckt in einen kühlen Raum, aber nicht in den Kühlschrank.

Am nächsten Tag rollst du ihn auf einer bemehlten Arbeitsfläche etwa 3 mm dick aus. Stich ihn z. B. als Sterne oder Monde aus.

Heize deinen Backofen auf 160 °C (Umluft) vor.

Lege die ausgestochenen Plätzchen nebeneinander auf ein mit Backpapier ausgelegtes Backblech und backe sie etwa 10–15 Minuten. Die Plätzchen sind fertig, sobald sie leicht braune Ränder bekommen.

Lass die Plätzchen kurz ruhen und wende sie noch heiß in der Vanillezucker-Zucker-Mischung. Nach dem Abkühlen bewahrst du sie in einer luftdicht verschlossenen Dose auf.

Mein Tipp

Spare beim Wein nicht. Wenn du einen guten Wein fürs Backen verwendest, bekommen auch die Plätzchen ein feineres Aroma!

Kissinger Walnussbrötchen

Plätzchen mit Walnuss

Wir haben im Garten einen Walnussbaum. Deshalb gibt es zu Weihnachten auch häufiger Gebäck mit Walnuss. Diese traditionellen Plätzchen, die ursprünglich aus Bad Kissingen kommen, sind besonders fein: Knuspriger Mürbeteig trifft auf Nougat und Schokolade, gekrönt von einer halben Walnuss. Kurz: die Krönung für Nuss-Fans!

ca. 90 Minuten plus 30 Minuten Ruhezeit | für ca. 20 Stück

200 g Weizenmehl Type 405 plus etwas mehr für die Teigbearbeitung

50 g gemahlene Walnusskerne

100 g Zucker

1 Msp. gemahlener Zimt

1 Msp. gemahlener Kardamom

1 Ei

100 g kalte Butter

125 g Nougat

100 g Zartbitterkuvertüre

ca. 20 Walnusshälften

Gib das Mehl in eine Rührschüssel und mische die gemahlenen Walnusskerne, den Zucker und die Gewürze unter. Knete erst das Ei und dann die Butter in Stückchen hinzu, bis ein glatter Teig entsteht. Forme den Mürbeteig zu einer Kugel und stelle ihn in Folie gewickelt etwa 30 Minuten kühl.

Heize den Backofen auf 160 °C (Umluft) vor.

Knete den Teig nochmals durch und rolle ihn auf einer bemehlten Arbeitsfläche etwa 3 mm dünn aus. Stich jetzt mit einem Plätzchenausstecher oder einem in Mehl getauchten Schnapsgläschen Kreise von ungefähr 3–4 cm Durchmesser (etwa 40 Stück) aus und lege sie nebeneinander auf ein mit Backpapier ausgelegtes Blech.

Backe die Plätzchen auf mittlerer Schiene etwa 10–12 Minuten, bis die Ränder leicht braun werden. Nimm sie heraus und lass sie auf einem Gitter auskühlen.

Danach schneidest du das Nougat in Würfel und erwärmst es in einer Schüssel über einem heißen Wasserbad, bis es streichfähig ist. Bestreiche die Hälfte der Plätzchen mit dem Nougat und setze jeweils ein freies Plätzchen darauf.

Jetzt schmilzt du die Kuvertüre und überziehst eine Seite der Doppelkekse damit. Darauf setzt du je eine Walnusshälfte und lässt die Glasur erkalten.

Mein Tipp

Alternativ zu den Walnusskernen können auch Haselnusskerne verwendet werden. Ebenfalls sehr fein!

Einfaches Bauernbrot

Lecker zur Brotzeit

Bei Oma gibt es immer eine gute Brotzeit zum Abendessen. So gehört sich das. Und dazu gehört natürlich auch ein gutes Brot. Aus dem Holzofen schmeckt es natürlich noch mal doppelt so gut, aber diesen haben wir heutzutage ja kaum mehr zur Verfügung. Deshalb habe ich das traditionelle Rezept adaptiert, dass es auch im Backofen klappt!

ca. 90 Minuten plus ca. 4,5 Stunden Ruhezeit | für 1 Brot

100 g Sauerteig

420 g Roggenmehl Type 1150 oder 1370 plus etwas mehr für die Teigbearbeitung

½ Würfel Hefe

480 g Weizenmehl Type 550 plus etwas mehr für die Teigbearbeitung

1 TL Zuckerrübensirup

10 g Salz

Rühre für den Vorteig den Sauerteig, das Roggenmehl und 450 ml Wasser zu einer gleichmäßigen Masse zusammen. Decke den Vorteig mit einem feuchten Tuch ab und lass ihn an einem warmen, zugfreien Ort 3 Stunden gehen.

Vermische die Hefe mit 125 ml Wasser und 2 EL Weizenmehl. Lass das »Dämpfchen« abgedeckt 15 Minuten an einem warmen, zugfreien Ort stehen, bis sich Bläschen bilden.

Nun vermischst du den Vorteig mit dem »Dämpfchen« und gibst die restlichen Zutaten plus 155 ml Wasser dazu. Verarbeite alles zu einem weichen, klebrigen Teig.

Decke den Teig wieder mit einem feuchten Tuch ab und lass ihn für weitere 40 Minuten an einem warmen, zugfreien Ort gehen.

Bestreue eine Oberfläche mit Roggenmehl und knete den Teig nach dem Gehen ordentlich durch. Anschließend gibst du den Teig als Laib geformt in ein Gärkörbchen oder auf ein mit Backpapier ausgelegtes Backblech und bestäubst ihn noch einmal mit Mehl. Lass den Teig erneut 30 Minuten gehen.

Heize in der Zwischenzeit den Backofen auf 250 °C (Ober-/Unterhitze) vor. Kippe das Brot aus dem Gärkörbchen (falls du eines verwendest) und backe das Brot auf einem mit Backpapier ausgelegten Backblech auf der mittleren Schiene.

Gib zusätzlich eine kleine Tasse Wasser auf ein Blech und schiebe dieses Blech unter das mit dem Laib. Schließe die Tür des Backofens sofort und lass das Brot 12 Minuten backen. Dann reduzierst du die Temperatur auf 180 °C und backst das Brot 1 Stunde fertig.

Wenn das Brot fertig ist, lässt du es auf einem Rost auskühlen.

Leckere Anisbrezen

Perfekt zu Frühstück oder Brotzeit

Eine Fastenzeit ohne Anisbrezen ist in Oberfranken kaum denkbar. Die weichen Hefeteigbrezen mit Anis werden einfach so mit Butter serviert oder zur Brotzeit gegessen. Ein sehr traditionelles Gebäck, das man relativ leicht zu Hause selbst machen kann. Probier es doch mal aus!

ca. 1 Stunde plus ca. 30 Minuten Ruhezeit | für ca. 9–10 Stück

400 g Weizenmehl Type 550 plus etwas mehr für die Teigbearbeitung

40 g Roggenmehl Type 1150

20 g Hefe

16 g Salz

1 TL Zucker

20 g Backmalz

20 g Anissamen

Gib die beiden Mehlsorten in eine Rührschüssel, gib die restlichen Zutaten plus 280 ml Wasser zu und knete alles mit den Knethaken der Küchenmaschine zu einem glatten Teig.

Teile den Teig in 9–10 gleich große Teiglinge und rolle diese auf einer bemehlten Arbeitsfläche zu Strängen aus. Schlinge die Stränge dann in die typische Brezenform.

Lege die Brezen mit etwas Abstand zueinander auf ein mit Backpapier belegtes Backblech. Lass die Brezen abgedeckt 30 Minuten gehen.

Backe die Brezen im auf 200 °C vorgeheizten Backofen (Ober-/Unterhitze) etwa 8 Minuten.

Mein Tipp

Wenn du das Wasser durch Vollmilch ersetzt und etwas Butter in den Teig einarbeitest, werden die Brezen noch weicher.

Spulweckla zur Gans

Spezialität mit Anis und Kümmel

Auch Spulweckla sind ein traditionelles oberfränkisches Gebäck mit Anis. Anders als die Anisbrezen werden sie aber vor allem in der Weihnachtszeit serviert und es ist auch Kümmel enthalten. Die Gewürze sollen einen (Gänse-)Braten leichter verdaulich machen. Die besondere Form soll an Webspulen erinnern und so demjenigen, der das Brötchen verzehrt, Wohlstand bringen.

ca. 1 Stunde plus 1 Stunde Ruhezeit | für ca. 25 Stück

1 kg Weizenmehl Type 550 plus etwas mehr für die Teigbearbeitung
40 g frische Hefe
20 g zimmerwarme Butter
20 g Salz
12 g Zucker
2 TL Anissamen
2 TL Kümmelsamen

Gib das Mehl in eine Rührschüssel, gib alle restlichen Zutaten zusammen mit 380 ml lauwarmem Wasser dazu und knete alles auf langsamer Geschwindigkeit mit den Knethaken der Küchenmaschine oder des Handrührgeräts durch. Gib nach und nach weitere etwa 190 ml Wasser in den Teig. Verwende nur so viel Wasser, dass der Teig nicht weicher als Knetmasse wird. Knete den Teig 10–15 Minuten gründlich durch, bis er sich von der Schüssel löst und nicht mehr klebt.

Decke den Teig ab und lass ihn 20–30 Minuten an einem warmen, zugfreien Ort gehen.

Knete den Teig mit den Händen auf einer bemehlten Arbeitsfläche durch und portioniere ihn in etwa 25 Teiglinge. Forme die Teiglinge in ovale Brötchen, schneide mit einem scharfen Messer dicht an dicht Schlitze in den Teig und lege sie mit etwas Abstand zueinander auf ein mit Backpapier ausgekleidetes Backblech. Lass die Spuweckla abgedeckt noch einmal 30 Minuten an einem warmen, zugfreien Ort gehen.

Heize den Backofen auf 240 °C (Ober-/Unterhitze) vor. Gib dann die Spulweckla in den Backofen. Gib zusätzlich eine kleine Tasse Wasser auf ein Blech und schiebe dieses Blech unter das mit den Weckla. Backe die Spulweckla etwa 20 Minuten.

Mein Tipp

Ohne die Gewürze und das Einschneiden gibt das ein sehr leckeres Grundrezept für Brötchen.

Mamas Beste

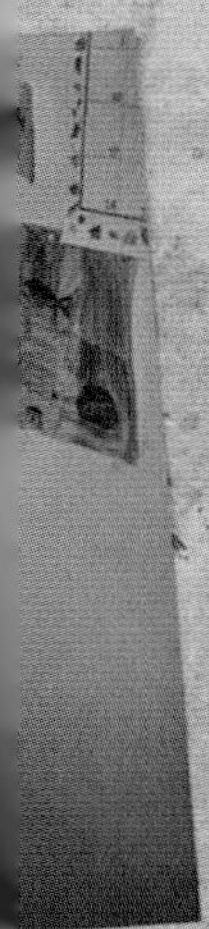

Die Latte liegt hoch in meiner Familie. Denn nicht nur die Omas sind hervorragende Bäckerinnen, sondern auch meine Mama und Schwiegermama. Was die Rezepte dieser Generation ausmacht? Die traditionellen Gebäcksorten dürfen ruhig etwas leichter sein und es kommen auch Zutaten von außerhalb Frankens hinzu, etwa besondere Gewürze – dadurch bekommen traditionelle Rezepte neuen Pfiff, ohne ihren Charme zu verlieren. Durch das Blättern in den unendlich vielen Koch- und Backzeitschriften, die bei uns zu Hause lagern, kommt so manche Idee, um die Klassiker zu verbessern oder etwas »leichter« zu machen …

Lockere Faschingskrapfen

Mit Hiffenmark

Faschingskrapfen kennt man natürlich in ganz Deutschland. Was unsere fränkischen Krapfen besonders macht, ist die Füllung mit Hagebuttenkonfitüre, dem Hiffenmark! Wer es experimentierfreudiger mag, kann dieses Grundrezept natürlich auch ganz anders füllen. Ein Krapfen muss auf jeden Fall Senf enthalten, um sich einen Spaß mit der Faschingsgesellschaft zu erlauben!

ca. 1 Stunde plus ca. 2 Stunden Ruhezeit | für ca. 30 Stück

- 20 g Hefe
- 250 ml lauwarme Vollmilch
- 50 g Zucker
- 750 g Weizenmehl Type 405 plus etwas mehr für die Teigbearbeitung
- 4 zimmerwarme Eier
- Schalenabrieb von ½ unbehandelten Zitrone
- 75 g zimmerwarme Butter
- Hagebuttenkonfitüre (Hiffenmark)
- Puderzucker

Außerdem

- ca. 2 kg Butterschmalz oder neutrales Pflanzenöl zum Frittieren (richtet sich nach der Größe der Fritteuse)
- Spritzbeutel mit Sterntülle

Löse die Hefe in der Milch auf und gib den Zucker dazu. Stelle die Mischung an einen warmen, zugfreien Ort und lass sie etwa 10 Minuten gehen, bis sich kleine Bläschen bilden.

Gib das Mehl, die Eier, den Zitronenabrieb und die Butter in eine Schüssel. Füge dann die Milch-Hefe-Mischung hinzu und knete den Teig einige Minuten mit den Knethaken der Küchenmaschine, bis er sich leicht von der Schüssel löst und nur noch wenig klebt. Forme den Teig zu einer Kugel und lege ihn in eine Schüssel. Decke die Schüssel ab und lass den Teig an einem warmen, zugfreien Ort 1–1,5 Stunden gehen, bis sich sein Volumen verdoppelt hat.

Gib den Teig nach dem Gehen auf eine bemehlte Arbeitsfläche und knete ihn mit den Händen durch. Rolle ihn anschließend daumendick aus und stich Kreise mit einem Durchmesser von etwa 8 cm aus.

Gib die Kreise nebeneinander auf ein mit Backpapier ausgekleidetes Backblech und lass sie abgedeckt erneut 30–45 Minuten an einem warmen, zugfreien Ort gehen, sodass sie ihr Volumen verdoppeln.

Heize das Fett in einem großen Kochtopf oder einer Fritteuse auf 160 °C vor.

Gib die Krapfen mit der Unterseite zuerst vorsichtig in das Fett und lass sie 2–3 Minuten backen. Drehe die Krapfen um und lass sie weitere 2–4 Minuten goldbraun ausbacken.

Lass die fertigen Krapfen auskühlen und fülle sie anschließend mit einer Fülltülle mit der Hagebuttenkonfitüre. Staube die Krapfen mit etwas Puderzucker.

Mein Tipp

Alternativ zur Hagebuttenkonfitüre bieten sich Vanille-, Eierlikörpudding, Schokoladencreme oder andere Fruchtkonfitüren an.

Knusprige Storchennester

Mit Schokoglasur

Schmalzgebäck ist in Franken nach wie vor sehr beliebt. Früher haben wir die sogenannten Storchennester oft auf Weihnachtsmärkten gekauft und ich habe mir immer die Varianten ausgesucht, die mit viel Schokolade glasiert wurden. Die runden Teigballen kann man aber auch ganz leicht selbst backen.

ca. 90 Minuten plus 15 Minuten Ruhezeit | für ca. 12–16 Stück

75 g zimmerwarme Butter
75 g Zucker
1 Pck. Vanillezucker
6 zimmerwarme Eier
600 g Weizenmehl Type 550 plus etwas mehr für die Teigbearbeitung
1 Pck. Backpulver
1 EL Rum
Puderzucker, Zimtzucker oder Schokoglasur und Garnitur (z. B. Zuckerstreusel, gehackte Nusskerne)

Außerdem

ca. 2 kg Butterschmalz oder neutrales Pflanzenöl zum Frittieren (richtet sich nach der Größe der Fritteuse)

Gib die Butter mit dem Zucker und dem Vanillezucker in eine Schüssel und rühre die Zutaten weißlich-cremig.

Rühre anschließend die Eier einzeln unter. Gib das Mehl mit dem Backpulver in eine Schale, gib es dann über die Buttermasse und hebe es unter. Rühre zuletzt den Rum unter und lass den Teig etwa 15 Minuten quellen.

Erhitze das Butterschmalz auf ca. 175 °C. Rolle den Teig auf der bemehlten Arbeitsfläche etwa 0,5 cm dünn aus und schneide ihn mit einem Teigrad in 1 cm breite Streifen. Nimm jeweils einige von diesen Streifen auf und verdrehe sie vorsichtig zu Kugeln.

Lege sie einzeln in die Kugel einer hitzebeständigen Schneeballform (siehe Tipp), tauche diese in das heiße Fett und löse die Zange, sodass das Storchennest herausgleiten kann. Backe es etwa 3–4 Minuten aus. Nimm die Storchennester mit einem Schaumlöffel aus dem Fett und lass sie auf Küchenpapier abtropfen.

Nun kannst du die Storchennester entweder noch heiß in Zimtzucker wälzen oder abkühlen lassen und später mit Puderzucker stauben oder in Schokoglasur tauchen. Der Kreativität beim Verzieren sind keine Grenzen gesetzt!

Mein Tipp

Schön rund werden die Storchennester mit einem speziellen Eisen, das mit ins Fett getaucht wird. Wenn du kein solches Eisen hast, kannst du auch einfach eine tiefe Schöpfkelle verwenden, um das Gebäck beim Frittieren in Form zu halten.

Aromatische Hollerküchle

Gebackene Holunderblüten

Nur wenige Wochen im Jahr kann man diese aromatische Spezialität genießen – aber es lohnt sich! Als Kind haben wir diese Hollerküchle immer auf einem Hoffest in der Nähe gegessen und die gebackenen Blüten waren für mich das Highlight im Mai. Wenn du einen Holunderstrauch in der Nähe hast, kannst du die Spezialität ganz leicht selbst machen.

ca. 30 Minuten | für ca. 10 Stück

170 g Weizenmehl Type 405
2 Eier
150 ml Vollmilch
1 Prise Salz
1 TL Zitronensaft
Schalenabrieb von ½ unbehandelten Zitrone
10 Holunderblütendolden
neutrales Pflanzenöl
Puderzucker

Gib das Mehl in eine Rührschüssel, gib die Eier, die Milch, das Salz, den Zitronensaft und Zitronenabrieb zu und verrühre alles zu einem glatten Teig.

Wasche die Holunderblütendolden gründlich ab und tupfe sie vorsichtig mit Küchenpapier trocken, damit der Teig gut haften kann.

Gieße so viel Öl in eine Pfanne, dass es etwa 1,5–2 cm hoch steht, und erhitze es. Tauche die Holunderblütendolden in den Teig ein, lass sie etwas abtropfen und backe die Küchle sofort goldbraun aus.

Lass die Hollerküchle etwas abkühlen und bestreue sie dann mit Puderzucker.

Mein Tipp

Sehr lecker schmeckt dazu eine Kugel Vanilleeis.

Osterbrot mit Rosinen

Alternative zum Eierring

Wer es zu Ostern nicht ganz so traditionell mag, der kann natürlich statt eines Eierrings (Seite 30) auch ein leckeres Osterbrot backen. Meine Mutter hat ihrem Patenkind jedes Jahr ein anderes Hefegebäck für das Patenbündel gebacken – unter anderem dieses Osterbrot. Der Ostersamstag war bei uns deshalb immer fürs Backen reserviert!

ca. 90 Minuten plus 12 Stunden Ruhezeit | für 2 mittelgroße oder 1 großes Osterbrot

- 100 g Rosinen
- 25 g gehackte Mandelkerne
- 2 EL Rum (alternativ Apfelsaft oder Wasser)
- 500 g Weizenmehl Type 550
- 30 g Hefe
- 150 ml kalte Vollmilch
- 100 g zimmerwarme Butter
- 3 Eier
- 2 Eigelb
- 1 TL Vanilleextrakt
- 1 TL abgeriebene Zitronenschale
- 80 g Zucker
- 1 Prise Salz
- 100 g Marzipanrohmasse
- Aprikosenkonfitüre und Puderzuckerglasur, Mandelblättchen (optional)

Weiche am Vorabend des Backens die Rosinen und Mandeln in 2 EL Rum ein und lass sie am Folgetag abtropfen.

Gib 250 g Mehl in eine Schüssel und mische die Hefe und die Milch unter. Lass den Vorteig etwa 30 Minuten mit Folie abgedeckt im Kühlschrank ruhen.

Gib dann das restliche Mehl (250 g) zum Vorteig und gib die Butter, 2 Eier, 2 Eigelbe, das Vanilleextrakt, die Zitronenschale, den Zucker und das Salz dazu.

Knete den Teig etwa 10 Minuten mit den Knethaken der Küchenmaschine oder des Handrührgerätes erst langsam, anschließend 3–5 Minuten mit höherer Stufe. Der Teig ist fertig, sobald er sich vom Schüsselrand löst und etwas glänzt.

Lass ihn 30 Minuten abgedeckt an einem warmen, zugfreien Ort gehen. Danach arbeitest du die abgetropften Rosinen und Mandeln sowie das in feine Würfel geschnittene Marzipan ein.

Forme jetzt runde Osterbrote aus dem Teig: entweder zwei kleinere oder ein größeres, ganz nach deinem Geschmack.

Setze die Brote/das Brot auf ein mit Backpapier ausgelegtes Backblech. Lass sie nochmals abgedeckt etwa 20–30 Minuten gehen.

Heize den Backofen auf 180 °C (Ober-/Unterhitze) vor. Verquirle das restliche Ei (1) und streiche die Osterbrote damit ein, lass sie erneut 10 Minuten ruhen und schneide dann mit einem scharfen Messer die Brote kreuzförmig oder rautenförmig ein.

Backe die Osterbrote etwa 25–30 Minuten (2 kleine) bzw. etwa 30–40 Minuten (1 großes). Lass sie 10 Minuten auskühlen.

Anschließend kannst du die Osterbrote mit heißer Aprikosenkonfitüre und mit Puderzuckerglasur bestreichen. Nach Wunsch kannst du das Gebäck noch zusätzlich mit Mandelblättchen verzieren.

Martinsgänse aus Quark-Öl-Teig

Tradition zum Martinstag

Zum Martinstag gibt es in Franken ganz verschiedene Bräuche. Neben den klassischen Martinshörnchen werden auch oft die süßen Martinsgänse serviert. Diese sind aus Quark-Öl-Teig und schmecken am besten ganz frisch am Tag des Backens. Was nicht fehlen darf, sind die Schleifchen um den Hals!

ca. 1 Stunde | für ca. 10 Stück

300 g Weizenmehl Type 405 plus etwas mehr für die Teigbearbeitung

175 g Magerquark

6 EL neutrales Pflanzenöl

6 EL Vollmilch

120 g Zucker

1 Pck. Backpulver

zimmerwarme Butter

Zucker oder Vanillezucker

Außerdem

rote Schleifen oder Bänder

Gib das Mehl in eine Rührschüssel und füge die restlichen Zutaten bis auf die Butter und den zusätzlichen Zucker dazu. Knete alles zu einem glatten Teig.

Rolle den Teig auf einer bemehlten Arbeitsfläche fingerdick aus und schneide dann etwa 10 Martinsgänse aus (siehe Tipp). Lege die Martinsgänse mit etwas Abstand zueinander auf ein mit Backpapier ausgelegtes Backblech.

Backe die Martinsgänse im auf 180 °C vorgeheizten Backofen (Ober-/Unterhitze) etwa 20 Minuten.

Bestreiche die Gänse nach dem Backen mit Butter und wälze sie dann im Zucker. Binde jeder Gans noch eine Schleife um den Hals.

Mein Tipp

Auf Seite 190 findest du eine Vorlage zum Ausschneiden der Gänse.

Stollen mit weniger Butter

Weihnachtsgebäck mit Tradition

Der typisch fränkische Stollen ist nicht ganz so buttrig und schwer wie z.B. ein Dresdner Stollen. Das liegt sicherlich auch daran, dass unsere Rezepte oft aus Mangelzeiten stammen. Am besten du backst den Stollen schon einige Wochen vor der Adventszeit im November und lässt ihn bis zum 1. Advent durchziehen. Dann schmeckt er besonders gut!

ca. 2 Stunden plus 4–6 Stunden Ruhezeit | für 2 mittelgroße Stollen

- 250 g Rosinen
- 125 g gehackte Mandelkerne
- 100 ml Rum (alternativ Apfelsaft oder Wasser)
- 200 ml Vollmilch
- 250 g Zucker
- 10 g Hefe
- 1,25 kg Weizenmehl Type 405
- 350 g zimmerwarme Butter
- 2 zimmerwarme Eier
- 1 zimmerwarmes Eigelb
- 2–3 EL Arrak
- Saft und Schalenabrieb von ½ unbehandelten Zitrone
- 50 g fein gewürfeltes Zitronat
- 200 g Puderzucker

Lege am Vortag die Rosinen und die Mandeln im Rum ein und lass sie über Nacht ziehen. Gieße am nächsten Tag den Rum ab und lass die Rosinen und Mandeln gut abtropfen.

Erwärme die Milch leicht und mische 2 EL Zucker darunter. Löse darin die Hefe auf und lass die Mischung etwa 10 Minuten an einem warmen, zugfreien Ort stehen, bis sich Bläschen bilden.

Gib das Mehl in eine Rührschüssel, füge 250 g Butter, den restlichen Zucker, die Eier, das Eigelb und die Hefemilch hinzu und knete daraus etwa 10 Minuten einen glatten Teig. Bei Bedarf kann noch etwas Milch zugegeben werden.

Mische zuletzt den Arrak (wichtig: Wenn der Alkohol früher dazukommt, geht der Teig weniger gut!) sowie Zitronenschale und -saft unter.

Dann knetest du die Rosinen, die Mandeln und das Zitronat unter den Teig und deckst ihn ab.

An einem warmen, zugfreien Ort muss der Stollenteig jetzt etwa 4–6 Stunden gehen, bis sich sein Volumen verdoppelt hat.

Anschließend teilst du den Teig und machst zwei Stollen daraus. Forme dazu zwei etwa 3 cm hohe Teigplatten und klappe zuerst ein Drittel der Fläche auf einer Seite nach innen. Dann schlägst du die zweite Seite darüber und formst einen Stollen.

Lass die Stollen noch einmal etwa 30 Minuten abgedeckt gehen, bevor du sie im auf 160 °C vorgeheizten Backofen (Ober-/Unterhitze) etwa 50 Minuten backst.

Bestreiche den noch heißen Stollen mit der restlichen, geschmolzenen Butter (100 g) und streue Puderzucker darüber.

Mein Tipp

Wenn du möchtest, kannst du den Teig beim Gehenlassen auch für etwa 12 Stunden in den Kühlschrank stellen, dann geht er langsamer und wird feiner.

Marmor-Apfelkuchen

Saftiger Rührkuchen mit Äpfeln

Apfelkuchen vom Blech – ein typischer Kuchen in der Region im Herbst. Etwas moderner wird er durch einen Kaffee-Marmor-Rührteig und Cranberrys. So kommt Abwechslung auf die Kaffeetafel!

ca. 1 Stunde | für 1 Backblech mit Rand (ca. 30 x 40 cm)

1,25 kg säuerliche Äpfel (z.B. Boskoop)
5 EL Zitronensaft
250 g zimmerwarme Butter
200 g Zucker
1 Prise Salz
4 zimmerwarme Eier
250 g Weizenmehl Type 405
100 g Speisestärke
1 gehäufter TL Backpulver
1 TL Vanilleextrakt
3–4 EL Backkakaopulver
2 EL lösliches Espresso- oder Kaffeepulver
5 EL Vollmilch
100 g Apfelgelee oder Puderzucker
4–5 EL Mandelblättchen und/oder Cranberrys (optional)

Außerdem

Einwegspritzbeutel ohne Tülle

Mein Tipp

Du kannst die Mandelblättchen auch weglassen und den Kuchen stattdessen mit Puderzucker stauben.

Schäle die Äpfel, viertele, entkerne und schneide sie in grobe Spalten. Beträufle sie sofort mit Zitronensaft.

Rühre die Butter, den Zucker und das Salz cremig. Anschließend gibst du die Eier einzeln zur Butter und rührst sie unter. Mische das Mehl, die Speisestärke und das Backpulver und rühre die Mischung portionsweise kurz unter.

Halbiere danach den Teig und verrühre eine Hälfte mit dem Vanilleextrakt, die andere Hälfte mit dem Backkakao- und Kaffeepulver sowie der Milch. Nun füllst du den Teig jeweils in einen Einwegspritzbeutel (ohne Tülle). Schneide die Spitze ab, damit man einen Strang mühelos spritzen kann.

Heize den Backofen auf 175 °C (Ober-/Unterhitze) vor.

Spritze den dunklen und hellen Teig abwechselnd in dicken Streifen auf das mit Backpapier ausgekleidete Backblech, bis der Teig verbraucht ist und die Form ausgefüllt ist.

Lege anschließend die Apfelspalten dachziegelartig auf den Teig und drücke sie leicht an.

Backe den Kuchen etwa 20–25 Minuten.

Röste die Mandelblättchen in einer beschichteten Pfanne ohne Fettzugabe kurz an und lass sie abkühlen.

Sobald der Kuchen aus dem Ofen kommt, erwärmst du das Apfelgelee und rührst es glatt. Streiche das Apfelgelee auf die Apfelspalten und bestreue den Kuchen mit den Mandelblättchen und nach Wunsch mit Cranberrys.

Einfacher Gewürzkuchen

Superlecker im Advent

Ebenfalls ein Klassiker ist der Gewürzkuchen – ein saftiger Rührkuchen mit Spekulatius- oder Lebkuchengeschmack und Schokolade. Durch eine Decke aus Marzipan, Pflaumenmus und Schokolade bekommt er ein Upgrade à la Dominostein! Noch leckerer wird er, wenn er etwas durchgezogen hat.

ca. 1 Stunde plus ca. 2 Stunden Ruhezeit | für 1 Backform (ca. 20 x 30 cm)

150 g Zartbitterschokolade (mind. 50 % Kakaoanteil)
150 g zimmerwarme Butter
150 g Zucker
4 zimmerwarme Eier
3 TL Spekulatiusgewürz
100 g Weizenmehl Type 405
50 g Speisestärke
2 TL Backpulver
1 EL Rum (optional)
150 g Pflaumenmus
200 g Marzipanrohmasse
200 g Zartbitterkuvertüre

Hacke die Schokolade grob und schmilz sie in einer Rührschüssel über einem Wasserbad.

Während die Schokolade etwas abkühlt, kleidest du die Backform mit Backpapier aus und heizt den Backofen auf 175 °C (Ober-/Unterhitze) vor.

Gib die Butter, den Zucker, die Eier und das Spekulatiusgewürz zur Schokolade und rühre alles etwa 5 Minuten hell-cremig. Mische das Mehl mit der Speisestärke und dem Backpulver und hebe alles vorsichtig unter die Buttermasse.

Zum Schluss rührst du nach Wunsch noch den Rum unter den Teig und streichst den Teig gleichmäßig in die Backform.

Backe den Gewürzkuchen etwa 20–25 Minuten (Stäbchenprobe machen) und lass ihn dann abkühlen.

Rühre das Pflaumenmus glatt und bestreiche den Kuchen großzügig damit.

Rolle das Marzipan so dünn aus, dass es den gesamten Kuchen bedecken kann. Lege das Marzipan auf den Kuchen.

Bereite die Kuvertüre nach Packungsangaben vor und überziehe den Kuchen damit.

Schneide den Kuchen in Stücke, solange die Glasur noch etwas weich ist, sonst bricht sie später!

Versunkener Kirschkuchen

Rund ums Jahr gut

Dieses Rezept vereint zwei Lieblinge auf der Kaffeetafel miteinander: Saftiger Nusskuchen trifft saftige Kirschen. Zusammen wird daraus ein supersaftiger versunkener Kirschkuchen mit einem besonderen Twist. Und das Beste: Der Kuchen geht so schnell, dass du ihn jederzeit vorbereiten kannst!

ca. 1 Stunde | für 1 Springform (24 cm Durchmesser)

200 g flüssige Sahne

ca. 350 g Schattenmorellen (Konserve) oder 750 g frische Kirschen

200 g zimmerwarme Butter plus etwas mehr für die Form

200 g Zucker

1 Prise Salz

5 zimmerwarme Eier

200 g Weizenmehl Type 405

1 Pck. Backpulver

200 g gemahlene Haselnusskerne

100 g Schokostreusel

weiße Schokoladenkuvertüre und/oder gehackte Nüsse und/oder Schokoladendekor

Schlage zuerst die Sahne steif und stelle sie kalt. Gieße die Kirschen in ein Sieb und lass sie abtropfen. Wenn du frische Kirschen verwendest, wasche und entsteine diese.

Rühre nun die Butter mit dem Zucker sowie dem Salz schaumig. Nun gib nach und nach die Eier einzeln dazu und rühre weiter, bis die Masse noch schaumiger wird. Wenn die Masse ganz leicht »krisselig« aussieht, ist das nicht schlimm – wahrscheinlich waren deine Eier dann zu kalt.

Mische das Mehl mit dem Backpulver und den Nüssen. Rühre das Gemisch vorsichtig unter die Eier-Butter-Mischung.

Zuletzt hebst du die geschlagene Sahne und die Schokostreusel unter. Fülle den Teig nun in die gebutterte Springform, streiche ihn glatt und verteile die Kirschen gleichmäßig über dem Teig.

Backe den Kuchen etwa 50–60 Minuten im auf 175 °C vorgeheizten Backofen (Ober-/Unterhitze). Lass ihn anschließend auskühlen.

Danach kannst du ihn nach Wunsch dekorieren, z.B. mit Streifen aus flüssiger Schokolade, gehackten Nüssen und/oder Schokoblättchen.

Mein Tipp

Du kannst dieses Rezept sehr gut abwandeln. Gib z.B. im Winter noch 1 TL Lebkuchengewürz in den Teig oder verfeinere den Teig mit etwas Kaffeepulver für einen leckeren »Cappuccino-Geschmack«.

Rhabarber-Streuselkuchen

Mit Marzipan und Orange

Rhabarber, Rhabarber, du warst lange nicht mein Favorit! Als Kind warst du mir zu sauer und zu faserig. Bis ich entdeckt habe, dass du nur die richtigen Partner brauchst, damit du gut schmeckst. Okay, und richtig putzen sollte man ihn, damit die »Fäden« das Geschmackserlebnis nicht verderben ...

ca. 1 Stunde | für 1 Springform (26 cm Durchmesser) oder 1 Backblech (20 x 30 cm)

3 Eier
75 g Marzipanrohmasse
200 g kalte Butter
150 g Zucker
425 g Weizenmehl Type 405
ca. 800 g Rhabarber
1 Prise Salz
Saft und Schalenabrieb von 1 unbehandelten Orange
1 TL Backpulver
4 EL Vollmilch
2 EL brauner Zucker

Für die Marzipanstreusel trennst du ein Ei und gibst das Eiweiß, die Marzipanrohmasse, 75 g kalte Butter und 50 g Zucker in eine Rührschüssel, das Eigelb stellst du beiseite. Dann gibst du 175 g Mehl dazu, verknetest die Zutaten zu Streuseln und stellst diese bis zur Weiterverwendung kalt.

Putze den Rhabarber, d. h., wasche die Stangen, schneide die Enden ab und ziehe die dickeren »Fäden« ab.

Heize den Backofen auf 180 °C (Ober-/Unterhitze) vor.

Gib die restliche zimmerwarme Butter (125 g), den restlichen Zucker (100 g), das Salz sowie den Schalenabrieb der Orangenschale in eine Rührschüssel und rühre alles etwa 5 Minuten weißlich-cremig. Anschließend rührst du die restlichen Eier (2) sowie das beiseitegestellte Eigelb nacheinander unter, bis eine sehr cremige Masse entstanden ist.

Mische das restliche Mehl (250 g) mit dem Backpulver in einer Schale und rühre es abwechselnd mit 6 EL Orangensaft und der Milch unter den Teig.

Kleide die Springform oder das Blech mit Backpapier aus, fülle den Teig ein und streiche ihn glatt. Schneide die Rhabarberstangen passend zurecht und verteile sie gleichmäßig auf dem Teig. Streue den braunen Zucker über den Rhabarber und verteile die Marzipanstreusel auf dem Kuchen.

Backe den Kuchen etwa 30–35 Minuten im heißen Backofen (Stäbchenprobe!).

Birnen-Streuselkuchen

Mit Zimt und Nüssen

Da meine Großeltern einen großen Birnbaum im Garten haben, gab es bei uns im Herbst oft Birnenkuchen oder Birnenkompott. Wie es sich für einen fränkischen Kuchen gehört, kommt natürlich auch ein kleiner Schluck Hochprozentiges in den Teig. Und dank Spekulatius-Creme im Kuchen bekommt der Klassiker ein kleines Update!

ca. 1 Stunde | für 1 Backblech (ca. 30 x 40 cm)

6 große oder 8 kleine Birnen (z. B. Abate Fetel)

130 g brauner Zucker

4 TL gemahlener Zimt

1 EL Orangenlikör oder Birnenbrand (optional)

475 g Weizenmehl Type 405 (für den Teig auch Dinkelmehl Type 630)

2 ½ TL Backpulver

50 g gemahlene Nusskerne (z. B. Walnuss- oder Haselnusskerne)

275 g Zucker

425 g Butter

ca. 100 g Spekulatius-Creme

1 Pck. Vanillezucker

1 Prise Salz

6 zimmerwarme Eier

2–3 EL Vollmilch

Mein Tipp

Statt Spekulatius-Creme kannst du auch Nuss-Nougat-Creme oder Nussmus verwenden.

Schäle die Birnen und befreie sie vom Kerngehäuse. Schneide die Birnen dann in etwa 0,5 cm dicke Scheiben. Lass 30 g braunen Zucker in einer Pfanne karamellisieren und gib die Birnen mit 1 TL Zimt sowie nach Wunsch dem Alkohol oder etwas Wasser dazu. Nimm die Birnen dann schnell wieder aus der Pfanne und stelle sie zum Abkühlen beiseite.

Für die Streusel gibst du 200 g Mehl mit einem halben TL Backpulver in eine Rührschüssel und gibst die Nusskerne, 150 g Zucker, 1 TL Zimt, 175 g kalte Butter und 50 g Spekulatius-Creme dazu. Knete alles zu groben Streuseln. Wenn dir die Streusel zu klebrig erscheinen, gib noch etwas Mehl hinzu. Stelle die Streusel dann bis zur Weiterverwendung kalt.

Für den Teig gibst du die restliche zimmerwarme Butter (250 g), den restlichen Zucker (125 g weiß, 100 g braun), den Vanillezucker und das Salz in eine Rührschüssel und rührst alles etwa 5 Minuten weißlich-cremig. Anschließend gibst du die Eier einzeln dazu und rührst weiter, bis ein dicklich-cremiger Teig entsteht.

Mische das restliche Mehl (275 g) mit dem restlichen Backpulver (2 TL) und rühre es unter den Teig. Diesen teilst du nun – eine Hälfte bleibt, wie sie ist. Unter die andere Hälfte mischt du die restliche Spekulatius-Creme (3–4 EL), den restlichen Zimt (2 TL) sowie die Milch.

Kleide das Backblech mit Backpapier aus und fülle die beiden Teigsorten im Wechsel ein. Fahre mit einem Holzstäbchen quer durch die Teigschichten und marmoriere das Ganze leicht. Verteile die Birnen gleichmäßig darauf und streue zuletzt die Streusel darüber.

Backe den Birnenkuchen etwa 45–50 Minuten im auf 175 °C vorgeheizten Backofen (Ober-/Unterhitze), bis die Streusel goldbraun sind und der Teig durch ist (Stäbchenprobe!).

Zwetschgaplootz

Der Klassiker mal anders

Über den Plootz haben wir schon weiter vorne (Käsplootz, Seite 46) gesprochen. Eine spezielle Sorte davon, nämlich Zwetschgaplootz, ist in Franken aus dem Herbst nicht wegzudenken. Franken lieben Zwetschgen einfach – und am liebsten sind sie ihnen auf einem dünnen Hefeteig. Hier bekommt der Lieblingskuchen ein Update mit karamellisierten Walnüssen.

ca. 1 Stunde plus 30 Minuten Ruhezeit | für 1 Backblech (30 x 40 cm)

- 30 g Hefe
- 200 g Zucker
- 300 ml lauwarme Vollmilch
- 600 g Weizenmehl Type 405 plus etwas mehr für die Teigbearbeitung
- 1 Prise Salz
- 120 g zimmerwarme Butter
- 1 zimmerwarmes Ei
- 1 zimmerwarmes Eigelb
- 1 kg Zwetschgen
- 1 EL gemahlener Zimt
- 125 g gehackte Walnusskerne

Löse die Hefe mit 50 g Zucker in der Milch auf und lass das Gemisch etwa 15 Minuten zugedeckt ruhen, bis sich leichter Schaum bildet. Dann ist die Hefe aktiv.

Gib das Mehl, 70 g Zucker, das Salz, die Butter, das Ei und das Eigelb in eine Rührschüssel. Füge die Hefe-Milch-Mischung dazu und verarbeite alles etwa 5 Minuten mit den Knethaken der Küchenmaschine oder des Handrührgeräts zu einem glatten Teig. Der Teig sollte sich vom Schüsselrand lösen und nicht mehr kleben.

Danach lässt du ihn abgedeckt mindestens 30 Minuten an einem warmen, zugfreien Ort gehen.

In der Zwischenzeit wäschst du die Zwetschgen und trocknest sie gut ab. Dann schneidest du sie längs so auf, dass die beiden Hälften noch zusammenhängen, und entfernst den Kern. Jede Hälfte wird dann nochmals in der Mitte längs ein-, aber nicht durchgeschnitten.

Sobald der Teig genug gegangen ist, knetest du ihn auf einer bemehlten Arbeitsfläche nochmals kräftig durch und rollst ihn auf Backpapier in etwas mehr als der Größe des Backblechs aus.

Ziehe ihn nun auf dem Backpapier auf das Blech, forme einen kleinen Rand und stich den Teig mehrmals mit der Gabel ein. Verteile dann die Zwetschgen dachziegelartig auf dem Teig.

Backe den Kuchen auf der mittleren Schiene etwa 25–30 Minuten im auf 180 °C (Umluft) oder 200 °C (Ober-/Unterhitze) vorgeheizten Backofen.

Lass den restlichen Zucker (80 g) in einer Pfanne schmelzen, bis er leicht karamellisiert. Dann gibst du die Walnüsse und den Zimt dazu. Verrühre alles kurz, bis die Nüsse mit Zimt und Karamell bedeckt sind. Lass die Nüsse kurz abkühlen, bevor du sie auf dem Kuchen verteilst.

Mein Tipp

Du kannst den Zwetschgaplootz auch ohne die Nüsse backen oder ersatzweise vor dem Backen Streusel darauf streuen, z.B. nach dem Rezept von Seite 94, Rhabarber-Streuselkuchen.

Mohnkuchen vom Blech

Mit selbst gemachter Mohnfüllung

Hm, Mohn! Wie Mohnbrötchen gehören auch Mohnschnecken und Mohnkuchen zum festen Repertoire von Bäckereien in der süddeutschen Region. Natürlich könnte man für einen selbst gemachten Mohnkuchen auch die fertige Füllung aus der Tüte kaufen – aber du wirst überrascht sein, wie einfach eine Mohnfüllung zu kochen ist. Spar dir also das Fertigprodukt!

ca. 1 Stunde plus 70 Minuten Ruhezeit | für 1 Backblech (20 x 30 cm)

340 g Weizenmehl Type 405 plus etwas mehr für die Teigbearbeitung
215 g Zucker
Salz
190 g Butter
4 Eier
400 ml Vollmilch
¼ Würfel Hefe
250 g gemahlener Mohn
50 g gemahlene Mandelkerne
1 Tropfen Bittermandelöl
2 EL flüssiger Honig
10 g Speisestärke
1 Msp. Backpulver
1 Pck. Vanillezucker

Für den Hefeteig gibst du 190 g Mehl in eine Rührschüssel und vermischst es mit 40 g Zucker und 1 Prise Salz. Gib dann 40 g zimmerwarme Butter und 1 zimmerwarmes Ei dazu. Erwärme 150 ml Milch lauwarm und löse dann die Hefe darin auf. Lass die Mischung etwa 10 Minuten stehen, bis sie leicht zu schäumen beginnt. Vermische die Milch-Hefe-Mischung mit den anderen Zutaten in der Rührschüssel und verknete alles zu einem glatten Teig.

Decke den Teig ab und lass ihn an einem warmen, zugfreien Ort für etwa 40 Minuten gehen.

Für die Mohnmasse lässt du die restliche Milch (250 ml) zusammen mit 75 g Butter und einer Prise Salz in einem kleinen Topf aufkochen. Gib den Mohn und 100 g Zucker hinzu und lass diesen für 10–15 Minuten quellen. Anschließend trennst du 2 Eier und gibst die Eigelbe, das restliche ganze Ei sowie die Mandeln, das Bittermandelöl, den Honig und die Stärke zur Mohnmasse und verrührst alles zu einer homogenen Masse. Die beiden Eiweiße stellst du beiseite.

Wenn der Teig fertig gegangen ist, knetest du ihn auf einer bemehlten Arbeitsfläche durch und rollst ihn aus. Lege ihn auf das mit Backpapier ausgelegte Backblech und drücke die Ränder etwas hoch. Nun lässt du den Hefeteig weitere 20 Minuten zugedeckt gehen.

Für die Streusel gibst du das restliche Mehl (150 g) mit dem Backpulver in eine Rührschüssel und gibst den restlichen Zucker (75 g), den Vanillezucker und die restliche kalte Butter (75 g) dazu. Knete mit den Knethaken der Küchenmaschine oder des Handrührgeräts Streusel daraus.

Heize den Backofen auf 150 °C (Umluft) vor.

Schlage das beiseitegestellte Eiweiß steif und hebe es vorsichtig unter die abgekühlte Mohnmasse. Gib die Mohnmasse nun auf den Hefeteig und verteile die Streusel darauf.

Backe den Kuchen etwa 35 Minuten und lass ihn im Anschluss auskühlen.

Bienenstich wie vom Bäcker

Mit feiner Vanillecreme

Zugegeben, er ist nicht unbedingt NUR fränkisch, aber ein Bienenstich gehört einfach zum festen Repertoire jeder Hobbybäckerin und er schmeckt einfach nach »Heimat« und der »guten alten Zeit«. Deshalb habe ich dieses Rezept hier ebenfalls aufgenommen.

ca. 1 Stunde plus 1 Stunde Ruhezeit | für 1 Springform (26 cm Durchmesser)

350 ml Vollmilch
10 g Hefe
150 g Zucker
250 g Weizenmehl Type 405 plus etwas mehr für die Teigbearbeitung
140 g zimmerwarme Butter
1 zimmerwarmes Ei
4 Eigelb
1 Prise Salz
30 g flüssiger Honig
125 g flüssige Sahne
100 g Mandelblättchen
3 Blatt Gelatine
25 g Speisestärke
1 Vanilleschote oder 1 EL Vanillepaste

Für den Hefeteig erwärmst du 100 ml Milch lauwarm, bröckelst dann die Hefe mit 10 g Zucker hinein und verrührst alles kurz.

Gib das Mehl in eine Rührschüssel und forme eine Mulde in der Mitte. Gib dann die Hefemilch in die Mulde und verrühre sie mit etwas Mehl zu einem Vorteig. Lass den Vorteig zugedeckt an einem warmen, zugfreien Ort etwa 10–15 Minuten gehen.

Anschließend gibst du weitere 40 g Zucker, 50 g zimmerwarme Butter, das Ei, 1 zimmerwarmes Eigelb und das Salz zum Vorteig und verknetest alles mit dem Knethaken des Handrührgerätes oder der Küchenmaschine zu einem glatten und glänzenden Teig. Der Teig ist fertig, wenn er sich vom Schüsselrand löst.

Forme den weichen Teig zu einer Kugel und lass ihn abgedeckt etwa 30 Minuten gehen. Der Teig sollte etwa das doppelte Volumen haben. (Du kannst den Teig auch über Nacht im Kühlschrank gehen lassen und am nächsten Morgen weiterverarbeiten.)

Knete danach den Teig auf einer bemehlten Arbeitsfläche ganz kurz noch mal durch, rolle ihn mit einem Teigroller etwa 3 cm hoch aus und lege ihn in die mit Backpapier ausgekleidete Springform. Decke ihn ab und lass ihn erneut etwa 20 Minuten gehen.

Für das Mandeltopping gibst du 50 g Zucker, den Honig, 65 g Butter und 25 g Sahne in einen Topf und lässt alles unter ständigem Rühren erst schmelzen und dann etwa 3 Minuten leicht köcheln. Zum Schluss rührst du die Mandelblättchen unter. Ziehe dann das Mandeltopping sofort vom Herd und lass es leicht auskühlen.

Heize den Backofen auf 180 °C (Ober-/Unterhitze) vor.

➜

Verteile die noch warme streichfähige Mandelmasse auf dem gegangenen Teig und backe ihn etwa 25 Minuten, bis die Mandelmasse goldbraun ist. Lass anschließend den Kuchen vollständig auskühlen.

Für die Füllung weichst du die Gelatine in kaltem Wasser ein. Schlage die restlichen Eigelbe (3) und den restlichen Zucker (50 g) in einer Schüssel weißlich-cremig auf, gib dann die Speisestärke darüber und rühre sie unter. Schlitze die Vanilleschote auf und kratze das Mark vorsichtig aus der Schote. Gib das Mark und die Schote zusammen mit der restlichen Milch (250 ml) in einen Topf und koche alles zusammen einmal auf. Entferne dann die Vanilleschote wieder.

Gib einige Löffel heiße Milch in die Ei-Zucker-Masse und verrühre alles. Jetzt gibst du die leicht zähe Masse unter ständigem Rühren in die heiße Milch und kochst alles noch einmal auf, bis die Masse andickt. Schalte den Herd aus und rühre die Creme noch etwas, damit sich keine Klümpchen bilden.

Lass die Masse leicht abkühlen, drücke die Gelatine aus und rühre sie zusammen mit der restlichen Butter (25 g) zügig in die noch heiße Creme, damit sich die Gelatine vollständig löst. Decke jetzt die Creme mit Frischhaltefolie ab und lass sie abkühlen, bis sie zu gelieren beginnt.

Schlage die restliche Sahne (100 g) steif. Danach schlägst du die abgekühlte Creme nochmals auf und rührst etwa ein Drittel der Sahne unter. Sobald du eine glatte Masse hast, hebst du die restliche Sahne vorsichtig unter.

Danach teilst du den erkalteten Hefeteig horizontal in zwei Hälften. Der untere Teil wird der Boden, der Teil mit der Mandelmasse der Deckel. Den Deckel schneidest du am besten jetzt in Stücke, um später ein Zerdrücken des Kuchens zu vermeiden.

Spanne den Boden in einen Tortenring, verteile die Creme gleichmäßig darüber und setze danach die Stücke als Deckel darauf.

Stelle den Kuchen mindestens eine Stunde in den Kühlschrank, damit die Füllung vollständig fest wird.

Mein Tipp

Sehr lecker und fruchtig schmeckt der Bienenstich auch, wenn du einige Himbeeren (ca. 200 g) vorsichtig nach der Sahne unter deine Creme hebst.

Bayreuther Pflastersteine

Resteverwertung für Kuchen

Diese leckere Spezialität kann man nur bei einer einzigen Bäckerei in Franken kaufen! Und dennoch hat sie es hier ins Buch geschafft, da es als Kind eine meiner liebsten Spezialitäten war. Wenn du die Pflastersteine probierst, wirst du verstehen, was ich meine: lockerer Biskuit, Schokocreme, knuspriger Krokant und als Krönung ein Überzug aus Schokolade und Marzipan. Einfach eine Sünde wert!

ca. 2 Stunden plus mehrere Stunden Ruhezeit | für 8 Stück

6 Eier
Salz
360 g Zucker
2 Pck. Vanillezucker
200 g Weizenmehl Type 405
200 g Speisestärke
2 gestr. TL Backpulver
1 EL Backkakaopulver
500 ml Vollmilch
1 Pck. Schokopudding
50 g gehackte Zartbitterschokolade (mind. 50 % Kakaoanteil)
250 g zimmerwarme Butter
Rum (optional)
100 g Haselnusskrokant
50 g Schokodrops
300 g Marzipanrohmasse
100 g Puderzucker plus etwas mehr für die Buttercreme (optional)
200 g Zartbitterkuvertüre

Außerdem

1 Kastenform (ca. 30 cm)

Für den hellen Biskuitboden legst du eine Kastenform (etwa 30 cm) mit Backpapier aus. Trenne 3 Eier und schlage das Eiweiß mit 4 EL kaltem Wasser sowie einer Prise Salz auf. Lass dabei 150 g Zucker und 1 Packung Vanillezucker einrieseln.

Sobald das Eiweiß-Zucker-Gemisch fest ist, rühre die drei Eigelbe einzeln unter. Mische dann 100 g Mehl mit 100 g Speisestärke und 1 gestrichenen TL Backpulver. Gib die Mischung über die Eiermasse und hebe sie vorsichtig unter.

Fülle den Teig in die Backform, streiche ihn glatt und backe den Biskuitboden im auf 175 °C vorgeheizten Backofen (Ober-/Unterhitze) etwa 25–30 Minuten.

Für den dunklen Biskuitboden wiederholst du die bisherigen Schritte und gibst zur Mehlmischung noch den Backkakao hinzu. Lass beide Böden abkühlen, am besten über Nacht, denn dann wird es leichter, den Boden zu schneiden.

Für die Schoko-Buttercreme (Anleitung im Detail auf Seite 17) kochst du aus der Milch, dem Schoko-Puddingpulver und 60 g Zucker einen Pudding. Löse darin die gehackte Zartbitterschokolade auf und lass den Pudding abkühlen.

Schlage die Butter weißlich-cremig und hebe den Pudding esslöffelweise unter. Nach Wunsch kann jetzt die Buttercreme noch mit etwas Rum aromatisiert oder mit Puderzucker gesüßt werden.

Schneide die Oberflächen deiner Biskuitböden gerade. Schneide die Böden dreimal waagerecht durch, damit du 4 Böden pro Sorte erhältst.

Lege die Bodenschicht des dunklen Biskuitbodens als erste Schicht in die Kastenform oder einen passenden eckigen Kuchenrahmen, streiche etwas Schoko-Buttercreme darauf und streue Krokant sowie

Schokodrops darüber. Lege einen hellen Boden darüber und verteile wieder Schoko-Buttercreme, Krokant und Schokodrops darauf. Wiederhole den Vorgang so oft, bis die Höhe in etwa der Breite entspricht. Schließe mit einem Boden ab.

Lass den Kuchen jetzt etwa 1–2 Stunden durchkühlen, bis er schnittfest ist. Stürze ihn vorsichtig aus der Form und schneide dann etwa 5–7 cm dicke Scheiben ab.

Verknete das Marzipan mit dem Puderzucker und rolle es etwa 3–4 mm dünn aus. Schneide Streifen aus, die der Höhe deiner Pflastersteine entsprechen (5–7 cm), und wickle sie darum herum.

Schmelze die Kuvertüre nach Packungsangaben und bestreiche die Ober- und Unterseite jedes Pflastersteins mit der Glasur.

Mein Tipp

Wenn noch Schoko-Buttercreme und Biskuitboden übrig sind, kannst du daraus sehr gut Cakepops machen!

Erdbeertorte mit Mandeln

Effektvoll und lecker

Zu Omas Repertoire gehörte selbstverständlich auch eine gute Erdbeertorte. Zu Mamas Zeiten wurde diese dann etwas effektvoller zubereitet. Perfekt für die Kaffeetafel im Frühling!

ca. 2 Stunden plus mehrere Stunden Ruhezeit | für 1 Springform (24–26 cm Durchmesser)

4 Eier

160 g Zucker

40 g Weizenmehl Type 405

2 Pck. Vanillepuddingpulver

1 TL Backpulver

70 g gemahlene Mandelkerne

4 Blatt Gelatine

500 ml Vollmilch

ausgekratztes Mark von 1 Vanilleschote

250 g flüssige Sahne

750 g Erdbeeren

100 g Erdbeerkonfitüre

Garnitur: einige Erdbeeren, Puderzucker und Minzblätter

Heize den Backofen auf 175 °C (Ober-/Unterhitze) vor.

Trenne die Eier und gib Eiweiß und Eigelb in getrennte Rührschüsseln. Schlage das Eiweiß steif.

Rühre das Eigelb 3–4 Minuten mit 100 g Zucker cremig.

Mische das Mehl, eine halbe Packung Puddingpulver und das Backpulver und gib es über die Eigelbmasse. Gib die gemahlenen Mandeln dazu und hebe alles vorsichtig unter, bis eine glatte Masse entsteht. Hebe dann vorsichtig den Eischnee unter.

Lege eine Springform mit Backpapier aus. Fülle den Teig ein, streiche ihn glatt und backe ihn 20–25 Minuten. Lass den Boden am besten über Nacht auskühlen, damit du ihn besser in zwei Teile schneiden kannst.

Für die Vanillecreme weichst du die Gelatine in kaltem Wasser ein.

Bereite aus dem restlichen Puddingpulver (1,5 Packungen), 60 g Zucker und 500 ml Milch einen Pudding nach Packungsanleitung zu.

Drücke nun die Gelatine aus und rühre sie gemeinsam mit dem Vanillemark in den noch heißen Pudding, sodass sie sich vollständig auflöst. Lass jetzt den Pudding abkühlen und achte genau darauf, wann er zu gelieren beginnt. Dann schlägst du die Sahne steif und hebst sie vorsichtig unter den Pudding.

Putze und wasche die Erdbeeren und halbiere einige besonders schöne, gleich große Exemplare.

Halbiere deinen Tortenboden einmal waagerecht und lege den Boden in einen Tortenring. Rühre die Erdbeerkonfitüre glatt und bestreiche den Kuchenboden damit. Stelle dann halbierte Erdbeeren mit der Schnittfläche nach außen aufrecht entlang des Tortenrings. Fülle dann das Innere dicht an dicht mit Erdbeeren auf.

Auf die Erdbeeren streichst du vorsichtig die Puddingcreme und legst dann den zweiten Tortenboden mit der Schnittfläche nach unten darauf.

Lass die Torte etwa 2 Stunden im Kühlschrank fest werden.

Vor dem Servieren löst du die Torte aus dem Tortenring, staubst Puderzucker darüber und belegst sie mit einigen Erdbeeren und nach Wunsch Minzblättern.

Mein Tipp

Diese Torte schmeckt am besten frisch, d.h., du solltest sie nicht länger als 2 Tage stehen lassen.

Saftige Nussecken

Der leckere Klassiker

Ohne Nussecken – ohne mich! Dieses Rezept, das meine Mutter schon lange so backt, kommt immer gut an. So gut, dass ich sogar für eine Hochzeit mal eine ganz große Ladung backen durfte, und zwar in Herzform. Supersaftig und herrlich nussig ist dieses Rezept immer, egal welche Form du daraus schneidest.

ca. 45 Minuten | für ca. 30 Stück

300 g Weizenmehl Type 405 plus etwas mehr für die Teigbearbeitung

½ TL Backpulver

235 g Zucker

1 Ei

225 g Butter

125 g Marzipanrohmasse

1 Pck. Vanillezucker

150 g Crème fraîche

400 g Nusskerne nach Wahl (gemahlen oder je zur Hälfte gehackt/gemahlen)

2 EL Amaretto oder Weinbrand (optional)

200 g Kuvertüre (z.B. Zartbitterkuvertüre, weiße Kuvertüre)

Bereite mit dem Mehl, dem Backpulver, 60 g Zucker, dem Ei und 125 g Butter einen Mürbeteig zu, wie auf Seite 10 beschrieben. Wenn er zu krümelig ist, kannst du noch 1 EL eiskaltes Wasser dazugeben.

Rolle den Teig in einem Backblech (ca. 30 x 40 cm, gern auch etwas kleiner – dann werden die Nussecken dicker) auf Backpapier aus und stelle ihn kurz in den Kühlschrank.

Schneide oder reibe das Marzipan ganz fein. Röste die Nüsse in einer Pfanne ohne Fettzugabe kurz an, bis sie zu duften beginnen.

Heize den Backofen auf 175 °C (Ober-/Unterhitze) vor.

Erwärme die restliche Butter (100 g), den restlichen Zucker (175 g), den Vanillezucker und die Crème fraîche gemeinsam, bis die Butter geschmolzen und die Masse heiß ist.

Dann rührst du das Marzipan, die Nüsse sowie nach Wunsch den Amaretto unter, sodass eine streichfähige, aber recht feste Masse entsteht. Verteile diese auf dem Mürbeteigboden.

Backe die Nussecken etwa 25–30 Minuten und lass sie dann etwa 10 Minuten leicht abkühlen.

Dann kannst du das Gebäck in Ecken schneiden und nach dem vollständigen Auskühlen mit Kuvertüre nach Wunsch dekorieren.

Schokoladige Kakaozungen

Schmecken rund ums Jahr

Dieses Rezept ist ebenfalls essbare Kindheitserinnerung für mich. Am Samstag durfte ich mir öfter beim Bäcker eine Kakaozunge zum Frühstück bestellen. Damals kam das Sandgebäck in riesengroßer Form von ca. 15 cm Länge. Heute backe ich die einzelnen Stangen lieber etwas kleiner, dann kann man mehr davon genießen und mit den Liebsten teilen!

ca. 1 Stunde | für ca. 20 Stück

250 g zimmerwarme Butter
125 g Puderzucker
1 Pck. Vanillezucker
3 Eier
250 g Weizenmehl Type 405
25 g Speisestärke
½ TL Backpulver
35 g Backkakaopulver
1 Msp. gemahlener Zimt
Johannisbeergelee
200 g Zartbitterkuvertüre

Außerdem
Spritzbeutel

Rühre die Butter cremig. Siebe dann den Puderzucker dazu, gib den Vanillezucker und die Eier dazu und rühre mit dem Handrührgerät weiter. Mische das Mehl, die Stärke, das Backpulver, den Kakao und den Zimt und gib alles zusammen über die Buttermischung. Rühre alles kurz zu einem glatten Teig zusammen.

Fülle den Teig in einen Spritzbeutel und spritze dann den Teig in etwa 4–6 cm langen Stangen mit etwas Abstand zueinander auf ein mit Backpapier belegtes Backblech.

Backe die Kakaozungen im auf 190 °C vorgeheizten Backofen (Ober-/Unterhitze) etwa 15 Minuten. Lass die Stangen nach dem Backen gründlich auskühlen.

Rühre das Johannisbeergelee glatt. Bestreiche nach dem Auskühlen je eine Stange auf der Unterseite mit Johannisbeergelee und setze eine zweite Stange mit der Unterseite auf die bestrichene Seite. Verfahre mit den restlichen Stangen ebenso. Tauche die Kakaozungen zum Schluss etwa bis zur Hälfte in die geschmolzene Kuvertüre und lass sie auf einem Kuchengitter trocknen.

Cremige Nougatringe

Die sind jede Sünde wert

Wenn ich mit Leuten über Nougatringe spreche, kommt meist erst mal Ablehnung: viel zu fettig, viel zu schwer! Ja, dass sie keine »Diät-Lebensmittel« sind, das stimmt. Aber meiner Meinung nach sind Nougatringe jede Sünde wert. Die perfekte Kombination aus cremig (Nougat), knackig (Schokolade und Krokant) und knusprig (Mürbeteigboden).

ca. 1 Stunde plus ca. 2–3 Stunden Ruhezeit | für ca. 9 Stück

120 g Weizenmehl Type 405 plus etwas mehr für die Teigbearbeitung

1 Msp. Backpulver

60 g kalte Butter in Würfeln

50 g Puderzucker

1 Eigelb

1 TL Vanilleextrakt

75 g zimmerwarme Butter

375 g zimmerwarmes Nougat

1 TL Rum (optional)

ca. 50 g Haselnusskrokant

150 g Zartbitterkuvertüre (oder Vollmilchkuvertüre)

20 g Kokosfett

50 g Vollmilchkuvertüre (oder Zartbitterkuvertüre)

Außerdem

Spritzbeutel

Mein Tipp

Die Nougatmasse eignet sich auch hervorragend als Füllung, z. B. für Terrassenplätzchen.

Bereite aus dem Mehl, dem Backpulver, 60 g kalter Butter in Würfeln, dem Puderzucker, dem Eigelb und dem Vanilleextrakt einen Mürbeteig, wie auf Seite 10 beschrieben, zu. Wickle den Teig im Anschluss in Frischhaltefolie und lass ihn im Kühlschrank etwa 30 Minuten ruhen.

Rolle den Teig dann auf einer bemehlten Arbeitsfläche etwa 0,5 cm dick aus und stich 9 Kreise (7 cm Durchmesser) aus. Stich dann in der Mitte der Kreise einen kleinen Kreis (2–3 cm Durchmesser, z. B. mit einer Spritzbeutel-Tülle) aus, sodass ein Teigring entsteht.

Lege die Ringe mit etwas Abstand zueinander auf ein mit Backpapier ausgekleidetes Backblech und backe sie im auf 190 °C vorgeheizten Backofen (Ober-/Unterhitze) etwa 10 Minuten. Wenn die Kekse goldbraun sind, können sie aus dem Ofen und müssen abkühlen.

Für die Creme schlägst du die zimmerwarme Butter (75 g) weißlich-cremig auf und rührst dann löffelweise das Nougat unter. Nach Wunsch kannst du jetzt mit etwas Rum abschmecken.

Fülle die Creme im Anschluss in einen Spritzbeutel und spritze damit vorsichtig einen dicken Ring auf die Oberseite der ausgekühlten Keksringe. Streue den Krokant darüber. Lass die Nougatringe im Kühlschrank etwa 1 Stunde ruhen.

Für die Glasur hackst du die größere Menge Kuvertüre, schmilzt sie zusammen mit dem Kokosfett in einer Schüssel, deren Durchmesser in etwa dem der Nougatringe entspricht, über einem Wasserbad und lässt die Mischung kurz abkühlen. Tauche die Nougatringe kopfüber in die Glasur ein und lass sie auf einem Kuchengitter gut abtropfen.

Für die Dekoration hackst du die kleinere Menge Kuvertüre, schmilzt sie über einem Wasserbad und füllst sie dann in einen Spritzbeutel mit sehr feiner Öffnung oder einen Gefrierbeutel, von dem du dann eine kleine Ecke abschneidest. Garniere die Nougatringe mit feinen Streifen.

Nussbeugel

Hörnchen mit Nussfüllung

Auch dieses Rezept ist von meinen Besuchen beim Bäcker als Kind inspiriert. Denn beim Bäcker um die Ecke gab es einfach die besten Nussbeugel, also Hörnchen aus einem dünnen Hefeteig mit Nussfüllung. Viele Bekannte haben mir berichtet, dass sie diese leckeren Hörnchen ebenfalls aus der Kindheit kennen und vermissen. Dabei kann man sie ja ganz leicht selbst machen – also probier es aus!

ca. 1 Stunde plus ca. 1 Stunde Ruhezeit | für ca. 12 Stück

- 300 g Weizenmehl Type 405
- 120 g zimmerwarme Butter
- 150 g Zucker
- 20 g Hefe
- 185 ml Vollmilch plus 1 EL zum Bestreichen mit dem Ei
- 1 Eigelb
- 1 Prise Salz
- Schalenabrieb von 2 unbehandelten Zitronen
- 20 g flüssiger Honig
- 200 g geriebene Nusskerne nach Wahl
- 1 Pck. Vanillezucker
- 2 EL Rum (optional)
- 75 g zerbröselte Löffelbiskuits
- 1 Ei

Gib das Mehl auf ein Arbeitsbrett und drücke in die Mitte eine Mulde. Gib dann die Butter, 50 g Zucker, die Hefe, 60 ml lauwarme Milch, das Eigelb und den Abrieb 1 Zitrone dazu und knete alles mit den Händen zu einem mittelfesten Teig zusammen. Forme den Teig zu einer Kugel und lass ihn zugedeckt 30 Minuten ruhen.

Für die Füllung kochst du die restliche Milch (125 ml) mit dem restlichen Zucker (100 g) und dem Honig auf und rührst die Nüsse unter. Gib dann den restlichen Zitronenabrieb, den Vanillezucker und nach Wunsch den Rum dazu.

Lass die Füllung zuerst etwas abkühlen und gib dann die Löffelbiskuits dazu und forme kleine daumendicke Rollen daraus.

Teile den Teig in 12 gleich große Kugeln und rolle diese ganz dünn (etwa 2 mm) zu Rechtecken mit einer Länge von etwa 8 cm aus. Platziere nun auf jeder Teigplatte eine der vorbereiteten Füllungsportionen so, dass die Ränder frei bleiben. Schlage diese im Teig ein und drücke die Ränder zusammen, sodass ein bauchiges Hörnchen mit spitzen Zipfeln entsteht. Lege die Hörnchen mit etwas Abstand zueinander auf ein mit Backpapier ausgekleidetes Backblech.

Verquirle das Ei mit 1 EL Milch und bestreiche die Hörnchen damit. Lass die Hörnchen so lange stehen, bis die Ei-Milch-Mischung ausgetrocknet ist. Backe sie dann im auf 210 °C vorgeheizten Backofen (Ober-/Unterhitze) etwa 20 Minuten.

Mein Tipp

Anstelle von Löffelbiskuits kannst du auch andere trockene Plätzchen oder Biskuit verwenden. Damit ist es ein ideales Rezept zur Resteverwertung.

Kissinger Hörnchen

Haselnuss-Croissants

Der lustige Name für diese Haselnuss-Hörnchen aus Plunderteig kommt vom Kurort Bad Kissingen. Hier mag man zum einen Nüsse (siehe Kissinger Walnussbrötchen auf Seite 66). Zum anderen sollen die Kurgäste ihr Frühstück meist im Flanieren eingenommen haben: Was eignet sich dazu besser als gefüllte Hörnchen?

ca. 30 Minuten / bei hausgemachtem Plunderteig noch ca. 12 Stunden Ruhezeit | für ca. 10 Stück

Plunderteig (nach Grundrezept auf Seite 14 oder aus der Frischetheke)

100 g Zucker

200 g Haselnusskerne (gehackt und gemahlen gemischt)

1 EL Backkakaopulver

1 Spritzer Rum oder Rumaroma (optional)

etwas Weizenmehl Type 405 für die Arbeitsfläche

Bereite den Plunderteig, wie auf Seite 14 beschrieben, zu.

Für die Füllung kochst du zuerst den Zucker mit 80 ml Wasser auf. Sobald der Zucker aufgelöst ist, gibst du die Haselnusskerne, das Kakaopulver und nach Wunsch den Rum dazu.

Rolle den Plunderteig auf einer bemehlten Arbeitsfläche aus und schneide ihn in lang gezogene Dreiecke. Portioniere auf die Unterseite der Dreiecke etwa 1–2 EL Füllung. Rolle dann das Dreieck auf, wobei du die Kanten frei lässt und nicht wie bei einem Hörnchen zusammendrückst.

Lege die Haselnuss-Croissants mit etwas Abstand zueinander auf ein mit Backpapier ausgekleidetes Backblech und backe sie im auf 180 °C vorgeheizten Backofen (Ober-/Unterhitze) etwa 20 Minuten goldbraun.

Dettelbacher Nonnenpförzle

Kleingebäck aus Unterfranken

Dieses Rezept ist eines, das es nur in einem einzigen fränkischen Ort zu kaufen gibt. Konkret geht es um Dettelbacher Nonnenpförzle, ein Mürbeteiggebäck mit Nussfüllung. Hierhin habe ich oft Ausflüge mit meinen Eltern gemacht und dieses leckere Gebäck musste immer mit. Lustigerweise gibt es im unterfränkischen Weinort Dettelbach gleich noch eine weitere dieser einzigartigen Spezialitäten, nämlich Muskatzinen. Ein sehr kreativer und backbegeisterter Ort!

ca. 1 Stunde plus mehrere Stunden Ruhezeit | für ca. 20 Stück

300 g gemahlene Haselnusskerne

100 g Zucker

100 g Marzipanrohmasse

2 EL flüssiger Honig

2 EL Backkakaopulver

1 TL Lebkuchengewürz

Mürbeteig nach Grundrezept (Seite 10)

Röste die Haselnusskerne in einer Pfanne ohne Fettzugabe an, bis sie zu duften beginnen. Achtung: Bleibe unbedingt daneben stehen und rühre regelmäßig um, denn die Nüsse verbrennen schnell!

Koche den Zucker mit 40 ml Wasser auf, bis er sich aufgelöst hat. Gib dann die Haselnüsse und das Marzipan sowie den Honig, das Kakaopulver und das Lebkuchengewürz hinzu. Die Masse sollte sehr zäh sein, ähnlich Zahnpasta.

Lass die Füllung gut abkühlen, am besten über Nacht. Dadurch wird sie noch fester.

Bereite den Mürbeteig, wie auf Seite 10 beschrieben, zu.

Rolle dann den Mürbeteig etwa 2–3 mm dünn aus und stich Kreise aus (Durchmesser 7 cm). Stich von der Füllung jeweils einen gehäuften Teelöffel ab und forme sie mit feuchten Händen zu einer Kugel.

Lege je eine Kugel mittig auf eine Teigplatte und decke sie mit einer zweiten Teigplatte ab. Nun drückst du die Ränder der beiden Teigplatten zu etwa zwei Drittel so zusammen, dass das Gebäck aussieht wie eine geöffnete Muschel.

Lege die Plätzchen mit etwas Abstand zueinander auf ein mit Backpapier ausgekleidetes Backblech und backe sie 12–15 Minuten im auf 180 °C vorgeheizten Backofen (Ober-/Unterhitze), bis die Teigränder leicht braun werden.

Mein Tipp

Reste der Füllung kannst du auch gut für Nusshörnchen verwenden, siehe vorherige Seiten. Die Füllung lässt sich aber auch hervorragend einfrieren.

Kartoffellebkuchen

Lebkuchen mal anders

Weiter vorne habe ich euch ja schon ein klassisches Lebkuchenrezept (Seite 60) gezeigt. Wer es weniger aufwendig und auch weniger fetthaltig mag, für den sind diese Kartoffellebkuchen vielleicht etwas. Kalte Kartoffeln machen die Lebkuchen wunderbar saftig und besonders glatt.

ca. 1 Stunde | für ca. 16 Stück

3 Eier
250 g feiner brauner Zucker
125 g gemahlene Haselnusskerne
125 g gemahlene Mandelkerne
30 g fein gehacktes Zitronat
30 g fein gehacktes Orangeat
1 TL gemahlener Zimt
1 TL Lebkuchengewürz
6 EL kalte, durchgedrückte Kartoffeln (festkochend)
8–10 EL Weizenmehl Type 405
Oblaten (ca. 70 mm Durchmesser)
Zucker oder Schokoladenglasur

Schlage zuerst die Eier mit dem Zucker schaumig und hebe danach vorsichtig die restlichen Teigzutaten bis einschließlich das Mehl unter.

Heize den Backofen auf 160 °C (Umluft) vor.

Streiche die Lebkuchenmasse auf die Oblaten, lege sie mit etwas Abstand zueinander auf ein Backblech und backe sie auf der mittleren Schiene etwa 15–20 Minuten.

Nach dem Abkühlen kannst du die Lebkuchen je nach Geschmack mit Zucker oder Schokoladenglasur veredeln.

Hifferla

Spezialität aus Mittelfranken

Dieses Rezept haben uns einmal Bekannte überlassen, die aus Mittelfranken hierhergezogen sind. Was die Hifferla so besonders macht: Die leicht schokoladigen Plätzchen werden mit Hagebuttenkonfitüre (Hiffenmark) gefüllt. Durch das Bestreuen mit Zucker bekommen sie zusätzlich eine knusprige Kruste. Für mich eines der leckersten Weihnachtsplätzchen!

ca. 1 Stunde plus ca. 12 Stunden Ruhezeit | für ca. 30 Stück

50 g Zartbitterschokolade (mind. 50 % Kakaoanteil)

420 g Weizenmehl Type 405 plus etwas mehr für die Teigbearbeitung

280 g Butter

140 g Zucker plus etwas mehr zum Bestreuen

ca. 150 g Hagebuttenkonfitüre (Hiffenmark)

ca. 75 g Puderzucker

Zuerst hackst du die Schokolade, lässt sie in einer Schale über einem Wasserbad schmelzen und kurz abkühlen, sodass sie noch streichfähig ist.

Dann gibst du das Mehl in eine Schüssel und gibst die Butter und den Zucker dazu. Knete alles rasch mit der Hand zu einem homogenen Teig. Zum Schluss gibst du die lauwarme Schokolade dazu und knetest sie kurz unter. Forme den Teig zu einer Kugel und lass ihn abgedeckt über Nacht in einem kühlen Raum (nicht im Kühlschrank) ruhen.

Dann knetest du den Teig portionsweise durch und rollst ihn auf einem bemehlten Brett etwa 3 mm dick aus. Stich dann mit den Ausstechformen deiner Wahl Plätzchen aus. Lege sie mit etwas Abstand zueinander auf ein mit Backpapier ausgekleidetes Backblech und stelle sie nochmals etwa 30 Minuten kalt.

Heize den Backofen auf 160 °C (Umluft) vor.

Backe die Plätzchen etwa 12–15 Minuten auf der mittleren Schiene. Fertig sind sie, wenn die Ecken leicht braun werden.

Lass die Plätzchen auskühlen. Rühre die Hagebuttenkonfitüre glatt und bestreiche die Unterseite eines Plätzchens damit. Klebe dann ein zweites Plätzchen mit der Unterseite darauf. Verfahre mit den restlichen Plätzchen ebenso.

Rühre aus dem Puderzucker und 1–2 TL Wasser einen dünnflüssigen Zuckerguss an (wie Honig). Bestreiche die Plätzchen auf der Oberseite dünn mit dem Zuckerguss und streue sofort etwas Zucker darüber.

Mein Tipp

Sehr fein schmecken die Plätzchen auch mit Nougat gefüllt und Schokoladenstreifen verziert.

Spargelpizza »Franconia«

Mit Zwetschgabaames

Kann denn Spargel Sünde sein? Für Italiener vermutlich schon, wenn er auf der Pizza liegt ... Aber für uns Franken ist das erlaubt. Statt italienischem Parmaschinken legen wir »Zwetschgabaames« auf den Teigfladen. Das ist ein sehr aromatischer Rinderschinken aus der Bamberger Region. Pizza und fränkische Klassiker als Belag: das Beste aus beiden Welten!

ca. 1 Stunde plus ca. 2 Stunden Ruhezeit | für ca. 4 Pizzen

8 g frische Hefe

500 g Pizzamehl (Weizenmehl Tipo 00) plus etwas mehr für die Teigbearbeitung

Salz

6 EL Olivenöl plus etwas mehr für den Rand der Pizza

250 g weißer Spargel

1 TL Puderzucker

frisch gemahlener schwarzer Pfeffer

200 g sehr sämige Tomatensauce

gerebelter Oregano

250 g Mozzarella

50 g frisch geriebener Parmesan

300 g Zwetschgabaames (luftgetrockneter Rinderschinken)

Basilikumblätter

Außerdem

Pizzastein

Erwärme 300 ml Wasser lauwarm. Verrühre die Hefe mit dem Wasser und lass die Mischung etwa 10 Minuten an einem warmen, zugfreien Ort stehen, bis diese leicht aufschäumt. Jetzt ist die Hefe aktiv.

Gib das Mehl in eine Schüssel und mische 1 EL Salz unter. Gieße das Hefewasser sowie 4 EL Olivenöl dazu. Knete alles mit den Knethaken der Küchenmaschine oder eines Handrührgeräts etwa 10 Minuten, bis sich der Teig vom Schüsselrand löst.

Nimm den Teig aus der Schüssel und forme ihn mit der Hand in eine gleichmäßige Kugel. Lege den Teig zurück in die Schüssel, decke ihn ab und lass ihn etwa 2 Stunden gehen, bis sich das Volumen beinahe verdoppelt hat.

Für den Belag schälst du den Spargel, schneidest die holzigen Enden ab und den Rest in etwa 3–4 cm lange Stücke. Halbiere besonders dicke Stangen einmal längs.

Erhitze das restliche Olivenöl (2 EL) in einer Pfanne und brate die Spargelstücke darin rundherum etwa 3–4 Minuten an. Gib den Puderzucker darauf und lass den Spargel leicht karamellisieren. Würze mit Salz und Pfeffer und lass den Spargel abkühlen.

Nach der Gehzeit kannst du den Teig weiterverarbeiten. Knete ihn noch einmal durch und teile ihn gleichmäßig in 4 Portionen auf.

Heize deinen Pizzastein im Backofen auf höchster Stufe auf (variiert je nach Stein – siehe Anleitung in der Packung).

Forme Teiglinge zu flachen Kreisen mit leicht erhöhten Rand aus und verstreiche etwa 3–4 EL Tomatensauce darauf. Würze mit Salz und Oregano (alternativ Pizzagewürz).

Schneide den Mozzarella in Scheiben und verteile diese zusammen mit dem Parmesan gleichmäßig auf der Pizza. Zuletzt belegst du die Pizzen mit den Spargelstücken. Streiche den Rand mit etwas Olivenöl ein, so wird er besonders knusprig.

Backe deine Pizzen etwa 10–12 Minuten auf dem Pizzastein. Wenn möglich, drehe die Pizza während des Garens einmal. So wird sie gleichmäßiger gebacken.

Sobald du die Pizza aus dem Ofen nimmst, verteilst du den Zwetschgabaames sowie die Basilikumblätter darauf.

Mein Tipp

Sehr gut schmecken auch geräucherte Lachsforelle und grüner Spargel als Belag statt Zwetschgabaames und weißer Spargel.

Zwiebelkuchen fränkische Art

Lecker zu einem Glas Wein

Zu einem Glas Federweißer oder einem fränkischen Weißwein ist er nicht wegzudenken: Zwiebelkuchen! Für eine besonders herzhafte Brotzeit gibt es hier einen Roggenteig als Grundlage sowie reichlich Zwiebeln in der Speckmasse. So schmeckt es fast wie in der fränkischen Heckenwirtschaft (»Ausg'steckter«).

ca. 75 Minuten plus ca. 1 Stunde Ruhezeit | für 1 Tarteform (28 cm Durchmesser)

- ca. 250 ml Vollmilch
- 25 g Hefe
- 250 g Weizenmehl Type 550 plus etwas mehr für die Teigbearbeitung
- 250 g Roggenmehl Type 1150
- 100 g zimmerwarme Butter plus etwas mehr für die Form
- Salz
- 200 g Speck
- 500 g Zwiebeln
- 2 Eier
- 5 EL Sauerrahm
- frisch gemahlener schwarzer Pfeffer
- 1–2 TL Kümmelsamen im Ganzen

Mein Tipp

Der Zwiebelkuchen schmeckt heiß am besten!

Erwärme zuerst die Milch lauwarm. Brösele die Hefe hinein. Gib beide Mehlsorten in eine Schüssel und drücke mit der Hand eine kleine Mulde hinein. In die Mitte gießt du die Hefemilch und verrührst sie mit etwas Mehl vom Rand zu einem Vorteig. Lass den Vorteig abgedeckt an einem warmen, zugfreien Ort etwa 15–20 Minuten gehen.

Danach gibst du die Butter und eine Prise Salz zum Vorteig und knetest mit dem Knethaken der Küchenmaschine oder des Handrührgeräts alles zu einem glatten Teig. Lass den Teig nochmals abgedeckt an einem warmen, zugfreien Ort etwa 30 Minuten gehen, bis sich das Volumen verdoppelt hat.

Für den Belag würfelst du den Speck, schälst die Zwiebeln und hobelst sie in Ringe. Brate zuerst den gewürfelten Speck in einer Pfanne leicht an, nimm ihn dann heraus und brate im Speckfett die Zwiebeln glasig. Gib dann den Speck wieder dazu, vermische beides und lass die Masse abkühlen.

Rolle den Teig auf einer bemehlten Arbeitsfläche dünn aus. Belege die mit etwas Butter eingepinselte Backform mit dem Teig und ziehe an den Rändern den Teig etwas hoch.

Jetzt gibst du die Eier und den Sauerrahm zur Zwiebel-Speck-Masse. Würze alles mit Salz, Pfeffer und Kümmel. Verteile die Füllung danach auf dem Teigboden.

Heize nun den Backofen auf 180 °C (Umluft) vor. Während dieser Zeit lässt du den Teig nochmals abgedeckt an einem warmen, zugfreien Ort kurz gehen und backst ihn danach auf der mittleren Schiene etwa 40–45 Minuten.

Herzhafter Brotkranz

Mit feiner Würzbutter

Ein Klassiker aus Kindertagen: die Brötchensonne, auch genannt Brotkranz! Bei Kindergeburtstagen war die Variante aus dem Tiefkühlfach immer extrem beliebt. Das hat sich bis heute nicht geändert – was anders ist: Wir machen den Brotkranz jetzt einfach selbst. Und dazu gibt es eine leckere Zitronen-Pfeffer-Butter.

ca. 1 Stunde plus ca. 45 Minuten Ruhezeit | für ca. 25 kleine Brötchen

Für den Brotkranz

½ Würfel Hefe

1 TL flüssiger Honig

250 g Dinkelmehl Type 630

250 g Weizenmehl Type 405 plus etwas mehr für die Teigbearbeitung

1 TL Salz

50 g zimmerwarme Butter

30 ml Raps- oder Sonnenblumenöl

weiße Sesamsaat

schwarze Sesamsaat

Körnermischung (z.B. Sonnenblumen-, Kürbiskerne, Leinsamen)

Schwarzkümmelsamen

50 ml Milch

geriebener Käse (z.B. Emmentaler)

weitere Toppings nach Wunsch

Für die Würzbutter

Saft und Schalenabrieb von 1 unbehandelten Zitrone

1 EL schwarze Pfefferkörner

1 EL rote Pfefferbeeren

Salz

200 g zimmerwarme Butter

Brotkranz

Brösele die Hefe in 200 ml lauwarmes Wasser und verrühre beides so lange, bis die Hefe aufgelöst ist. Gib zur aufgelösten Hefe noch den Honig. Anschließend gibst du die beiden Mehlsorten, das Salz, die Butter und das Öl hinzu und knetest den Teig für 5 Minuten mit den Knethaken der Küchenmaschine oder des Handrührgeräts, bis ein homogener Teig entstanden ist.

Lass den Teig nun etwa 30 Minuten abgedeckt an einem warmen, zugfreien Ort gehen, bis sich sein Volumen deutlich vergrößert hat.

Verteile deine Toppings in kleine Schüsseln und gieße die Milch in eine separate Schüssel.

Nun teilst du den Teig auf einer bemehlten Arbeitsfläche in etwa 30 g große Portionen und rollst die einzelnen Teiglinge zu Kugeln. Tauche die Kugeln jeweils zuerst in die Milch und dann in die verschiedenen Toppings. Im Anschluss setzt du die Kugeln in Kranzform mit etwas Abstand zueinander auf ein mit Backpapier ausgekleidetes Backblech, da sie noch etwas aufgehen werden.

Während der Backofen auf 200 °C (Ober-/Unterhitze) vorheizt, kannst du den Brotkranz noch etwas gehen lassen. Wenn der Backofen heiß ist, backst du den Brotkranz für etwa 25–30 Minuten, bis er goldbraun ist.

Würzbutter

Reibe die Schale der Zitrone ab und presse den Saft aus. Gib dann den schwarzen Pfeffer und den roten Pfeffer in den Mörser und zerkleinere alles, bis es fein ist.

Gib 2 TL Zitronenabrieb, 2 EL Zitronensaft, etwas Salz und die Butter in eine Schüssel und rühre alles 5 Minuten mit dem Handrührer, bis die Butter weißlich-schaumig ist. Rühre zum Schluss noch die Pfeffermischung unter, fülle die Butter in ein Glas und stelle sie kalt.

mmmh... oooh
delicious
Appétit!
FACKELMANN
Entwickeln | Karte | Buch

Meine modernen Kreationen

Cross-over ist das Gebot der Stunde. Heute ist gefühlt alles möglich und das kreative Experimentieren mit regionalen Zutaten macht die Kaffeetafel noch einmal interessanter. Das spiegelt sich auch in den Rezepten meiner Generation wider – fränkisch-amerikanische Riesenwindbeutel, vegane Rote-Bete-Kuchen und überraschende Bierkasten-Torten sind nur einige Beispiele dafür. Hast du Lust, mit mir zu experimentieren und die fränkische Backkunst neu zu interpretieren?

Vegane Apfelkrapfen

Lecker mit Eis

Überall in Franken gehört Frittiertes zu den Spezialitäten der Region. So gibt es auch sehr oft frittierte Apfelringe bzw. Apfelkrapfen zu Straßenfesten, Kerwas und anderen Feiern. Damit auch Veganer mitfeiern können, habe ich das Rezept in der veganen Variante getestet. Dank Apfelmus im Teig wird es auch etwas leichter.

ca. 20 Minuten | für ca. 16 Stück

250 g Weizenmehl Type 405

250 ml pflanzliche Milchersatzprodukte (z.B. Soja-, Haferdrink)

2 Pck. Vanillezucker

1 TL Zitronenabrieb

1 Prise Salz

125 g Apfelmus

4 säuerliche Äpfel (z.B. Boskoop)

2 EL Zitronensaft

ca. 100 ml neutrales Pflanzenöl zum Frittieren

Puderzucker

Gib das Mehl in eine Rührschüssel und vermische es mit dem Milchersatzprodukt, dem Vanillezucker, dem Zitronenabrieb, dem Salz und dem Apfelmus zu einem glatten Teig.

Schäle und entkerne die Äpfel und schneide das Fruchtfleisch in Würfel. Beträufle die Äpfel direkt mit Zitronensaft. Mische die Äpfel dann unter deinen Teig.

Gib das Öl in eine hohe Pfanne, sodass es etwa 1 cm hoch steht, und erhitze es. Gib jetzt jeweils einen gehäuften Esslöffel Teig pro Apfelkrapfen in die Pfanne und backe diese dann 3–4 Minuten pro Seite im Öl aus, bis sie goldbraun sind.

Lege die Apfelkrapfen auf einen mit Küchenpapier bedeckten Teller, damit überschüssiges Fett etwas abtropfen kann.

Richte die Krapfen auf einem Teller an und bestreue sie mit etwas Puderzucker.

Mein Tipp

Für eine nicht vegane Variante kannst du einfach Kuhmilch statt des Milchersatzprodukts und 3 Eier anstatt des Apfelmuses verwenden.

Osterbrot im Glas

Ganz ohne Backform

Keine Backform zu Hause? Dann ist dieses Rezept genau richtig für dich! Denn ich verwende alte Einmachgläser oder gut ausgespülte Konservendosen für dieses Osterbrot. Dadurch entstehen individuelle kleine Ostergeschenke, die dank ihrer witzigen Form garantiert auffallen.

ca. 1 Stunde plus ca. 1–2 Stunden Ruhezeit | für ca. 4–6 Osterbrote (400 ml Dose bzw. Weckglas)

175 ml Vollmilch

200 g Zucker

½ Würfel Hefe

400 g Dinkelmehl Type 630 plus etwas mehr für die Teigbearbeitung und die Formen

1 Prise Salz

2 zimmerwarme Eier

60 g zimmerwarme Butter plus etwas mehr für die Formen

1 TL Vanilleextrakt

100 g Schoko-Tröpfchen

Außerdem

4–6 Formen (z.B. Dosen oder Weckgläser)

Erwärme die Milch mit 1 EL Zucker lauwarm. Löse dann die Hefe darin auf und lass die Mischung etwa 10 Minuten stehen, bis sich Schaum an der Oberfläche bildet. Dann ist die Hefe aktiv.

Gib das Mehl in eine Rührschüssel und mische den restlichen Zucker und das Salz unter. Gib die Hefemilch, die Eier, die Butter und das Vanilleextrakt dazu und knete etwa 5 Minuten mit den Knethaken der Küchenmaschine oder des Handrührgeräts, bis ein geschmeidiger Teig entstanden ist, der sich leicht von der Schüssel löst und nicht mehr klebt.

Knete dann die Schoko-Tröpfchen noch kurz unter und lass den Teig abgedeckt an einem warmen, zugfreien Ort etwa 1–2 Stunden gehen, bis sich sein Volumen verdoppelt hat.

Spüle deine Dosen oder Gläser in der Zwischenzeit gut aus und trockne sie. Streiche sie mit etwas Butter ein und stäube sie mit Mehl aus.

Sobald dein Teig gegangen ist, heizt du zunächst deinen Backofen auf 180 °C (Ober-/Unterhitze) vor. Dann teilst du den Teig in 4–6 Portionen und füllst die Formen damit. Jede Form sollte nur zu etwa zwei Drittel gefüllt sein. Backe die Osterbrote dann etwa 35–40 Minuten.

Nimm die Osterbrote aus dem Ofen und lass sie etwa 10 Minuten abkühlen, bevor du sie mithilfe eines Löffels oder einer Gabel vorsichtig aus den Formen löst. Achtung: Im Inneren bildet sich ein Unterdruck, deshalb solltest du erst einmal die Außenseite lösen und dann vorsichtig anheben.

Mein Tipp

Anstelle von Schokolade kannst du natürlich auch Rosinen, Cranberrys oder andere Trockenfrüchte in den Teig geben. Oder wie wäre es mit klein geschnittenen Pralinen, Karamellstücken oder gehackten Nüssen?

Osterhasen-Brötchen

Alternative zum Eierring

Wenn ein geflochtener Eierring dir etwas zu kompliziert ist, habe ich hier eine einfache Alternative. Diese süßen Osterhasen entstehen, wenn du einen einzelnen Teigstrang mehrfach ineinander verdrehst. Dank der Verwendung von Dinkelmehl schmeckt der Teig ganz leicht nussig.

ca. 1 Stunde plus ca. 12 Stunden Ruhezeit | für ca. 12 Stück

150 ml Vollmilch plus 2–3 EL zum Bestreichen mit dem Ei

½ Würfel Hefe

200 g Dinkelmehl Type 630

200 g Weizenmehl Type 405 plus etwas mehr für die Teigbearbeitung

80 g Zucker

1 Pck. Vanillezucker

2 Eier

175 g zimmerwarme Butter

1 Eigelb

Erwärme die Milch lauwarm und löse die Hefe darin auf.

Gib die beiden Mehlsorten in eine Schüssel und gib den Zucker, den Vanillezucker, die Eier und die Butter dazu.

Dann gießt du die Hefemilch dazu und knetest mit den Knethaken der Küchenmaschine oder des Handrührgeräts alles durch. Sobald sich der Teig vom Rand löst und geschmeidig ist, deckst du ihn mit Folie ab und lässt ihn über Nacht im Kühlschrank ruhen.

Am nächsten Tag teilst du den Teig in etwa 14–15 gleich große Stücke (à ca. 60–65 g).

Rolle daraus auf einer bemehlten Arbeitsfläche lange Stränge (à ca. 30–32 cm). Schneide etwa 2 cm von jedem Strang für das Schwänzchen ab und lege dieses beiseite.

Lege den Strang dann so, dass 2 gleich lange Stränge entstehen, und verdrehe die beiden Stränge zwei- bis dreimal miteinander. Aus den beiden Enden formst du die langen Ohren.

Aus dem beiseitegelegten Teig drehst du eine Kugel und drückst sie als Schwänzchen am unteren Ende in die Mitte des Hasenkörpers.

Heize den Backofen auf 200 °C (Ober-/Unterhitze) vor. In der Zwischenzeit dürfen deine Häschen noch etwas gehen.

Lege die geformten Häschen nebeneinander auf ein mit Backpapier ausgelegtes Blech. Verquirle das Eigelb mit 2–3 EL Milch und bestreiche die Häschen damit.

Backe deine Hasenbrötchen auf mittlerer Schiene für etwa 10–12 Minuten.

Pudding-Buchteln

Mit Konfitüre und Streuseln

Buchteln kommen zwar nicht ursprünglich aus Franken, sind hier aber weit verbreitet. Kein Wunder, denn die leckeren Hefeklöße aus der Auflaufform schmecken warm als Hauptgericht oder kalt zu Kaffee und Kuchen. Bei mir kommen Eierlikörpudding und selbst gekochte Fruchtkonfitüre dazu. Also perfekt zum Aufbrauchen von Konfitürenresten!

ca. 1 Stunde plus ca. 1,5 Stunden Ruhezeit | für ca. 12 Stück

550 ml Vollmilch

125 g Butter plus etwas mehr für die Form

450 g Weizenmehl Type 405 plus etwas mehr für die Teigbearbeitung

1 Pck. Trockenhefe

180 g Zucker

Salz

1 Ei

1 Pck. Vanillepuddingpulver

100 ml Eierlikör (alternativ 100 ml Vollmilch)

Fruchtkonfitüre (z.B. Erdbeere oder Himbeere)

Für den Hefeteig erwärmst du 150 ml Milch mit 75 g Butter, bis die Butter geschmolzen ist.

Gib 375 g Mehl in eine Rührschüssel und mische die Hefe, 75 g Zucker und 1 Prise Salz unter. Gieße dann die Butter-Milch-Mischung dazu und gib das Ei hinzu. Knete den Teig mit den Knethaken der Küchenmaschine oder des Handrührgeräts so lange, bis er geschmeidig ist. Lass den Teig für 1 Stunde abgedeckt an einem warmen, zugfreien Ort gehen.

Für die Puddingfüllung vermischst du das Puddingpulver mit 80 g Zucker und rührst das Ganze mit 90 ml Milch (6 EL) glatt. Die restliche Milch (310 ml) kochst du mit dem Eierlikör in einem Topf auf und rührst dann das angerührte Puddingpulver mit einem Schneebesen unter. Unter ständigem Rühren den Pudding etwa 1 Minuten köcheln.

Wenn der Teig fertig gegangen ist, knetest du ihn auf einer bemehlten Fläche durch und formst 12 gleich große Kugeln. Setze die Teiglinge in eine gefettete Auflaufform (ca. 20 x 30 cm) und lass sie abgedeckt an einem warmen, zugfreien Ort etwa 20 Minuten gehen.

Für die Streusel mischst du die restliche Butter (50 g), das restliche Mehl (75 g), den restlichen Zucker (25 g) und 1 Prise Salz in einer Rührschüssel zusammen und knetest alles, bis eine krümelige Masse entsteht.

Nach dem Gehen drückst du in jede Teigkugel eine kleine Mulde und gibst jeweils 1 TL Pudding und 1 TL Konfitüre hinein. Verteile am Ende die Streusel gleichmäßig über alle Buchteln.

Backe die Pudding-Buchteln im auf 180 °C vorgeheizten Backofen (Umluft) für 20–25 Minuten goldbraun.

Mein Marmorkuchen

Mit einer besonderen Zutat …

Saftig oder eher luftig? Marmorkuchen gehört einfach zu Omas Grundrezepten! Ich mag Marmorkuchen aber eher saftiger, deshalb habe ich an unserem Grundrezept etwas getüftelt und dank der Ergänzung von Crème fraîche bleibt dieser Rührkuchen besonders lange frisch. Gerade die vermeintlich einfachen Rezepte sind doch oft die besten!

ca. 70 Minuten | für 1 Gugelhupfform

100 g Zartbitterschokolade (mind. 50 % Kakaoanteil)

225 g zimmerwarme Butter plus etwas mehr für die Backform

225 g Zucker

1 Prise Salz

6 zimmerwarme Eier

1 TL Vanilleextrakt oder Mark von 1 Vanilleschote

150 g Crème fraîche

300 g Weizenmehl Type 405 plus etwas mehr für die Backform

1 Pck. Backpulver

2 EL Backkakaopulver

1–2 EL Rum (alternativ Milch oder Wasser)

Zunächst hackst du die Schokolade, schmilzt sie in einer Schale über einem Wasserbad und lässt sie dann leicht abkühlen.

Heize den Backofen auf 180 °C (Ober-/Unterhitze) vor. Streiche die Backform mit etwas Butter ein und staube sie mit Mehl aus.

Dann rührst du die Butter mit dem Zucker sowie dem Salz etwa 5 Minuten sehr cremig. Du erkennst, dass es fertig ist, wenn die Masse sehr fluffig und weiß erscheint und sich der Zucker in der Masse aufgelöst hat.

Nun rührst du die Eier einzeln unter und rührst pro Ei etwa 30 Sekunden weiter, bevor du das nächste hinzugibst.

Als Nächstes rührst du das Vanilleextrakt sowie die Crème fraîche unter den Teig.

Gib das Mehl mit dem Backpulver über den Teig und rühre alles kurz unter.

Teile den Teig und mische unter eine Hälfte die geschmolzene Schokolade und das Kakaopulver. Gib dann den Rum bzw. die Milch dazu und rühre alles unter.

Fülle den Vanille- und den Schokoteig abwechselnd in die Gugelhupfform und marmoriere die beiden Teigsorten zum Schluss mit einer Gabel kräftig.

Backe den Kuchen etwa 50–55 Minuten. Fertig ist er, wenn du ein Holzstäbchen hineinsteckst und dieses ohne Teigreste herauskommt (Stäbchenprobe).

Weihnachts-Brownies

Gewürzkuchen meets Brownies

Den klassischen Gewürzkuchen zu Weihnachten haben wir weiter vorne schon etwas »herausgeputzt« (Seite 90). Noch moderner wird dieser Klassiker in Form von Brownies. Und damit es ein Hingucker auf der weihnachtlichen Kaffeetafel wird, werden daraus kleine Tannenbäume. Dieses Rezept ist perfekt, um es mit Kindern zu backen.

ca. 90 Minuten | für 1 rechteckige Backform (20 x 30 cm)

200 g Zartbitterschokolade (mind. 50 % Kakaoanteil)

125 g Butter

175 g brauner Zucker

3 Eier

100 g Weizenmehl Type 405

2 TL Lebkuchengewürz

1 TL Vanilleextrakt oder 1 Pck. Vanillezucker

225 g Zartbitterschokolade mit weihnachtlichen Gewürzen (z.B. Zimt)

200 g weiße Kuvertüre

grüne Lebensmittelfarbe

Zuckersterne

Zuckerstangen

Hacke die Zartbitterschokolade und schmelze sie zusammen mit der Butter unter Rühren in einer Schüssel über einem Wasserbad, bis eine glatte Masse entsteht. Fülle die Masse in eine Rührschüssel um und gib den braunen Zucker dazu. Verrühre das Ganze, damit sich der Zucker schon etwas auflösen kann und der Teig feiner wird. Lass die Butter-Schoko-Masse etwa 5 Minuten abkühlen.

Heize den Backofen auf 175 °C (Ober-/Unterhitze) vor.

Rühre dann die Eier einzeln unter die Butter-Schoko-Masse. Gib das Mehl mit dem Lebkuchengewürz in die Rührschüssel und hebe es zusammen mit dem Vanilleextrakt unter. Hacke die Schokolade und hebe sie unter den Teig.

Fülle den Teig in die mit Backpapier ausgelegte Form, streiche ihn glatt und backe ihn etwa 30–40 Minuten. Mache die Stäbchenprobe, aber umgekehrt: Wenn noch etwas krümeliger Teig am Stäbchen klebt, sind die Brownies gerade richtig!

Lass den Brownie-Boden abkühlen, löse ihn aus der Form und schneide ihn dann in kleine Dreiecke.

Hacke die weiße Schokolade und schmelze sie in einer Schüssel über einem Wasserbad. Färbe sie mit etwas grüner Lebensmittelfarbe bis zur gewünschten Farbtiefe. Fülle die grüne Schokolade in einen Gefrierbeutel und schneide unten eine Ecke so ab, dass eine sehr kleine Öffnung entsteht. Ziehe damit Linien über die Brownie-Dreiecke, sodass ein Tannenbaummuster entsteht.

Verziere die Tannenbäume noch mit Zuckersternen und stecke in jedes Dreieck unten ein Stück Zuckerstange, damit der Christbaum geschmückt ist.

Plätzchen-Restekuchen

Resteverwertung im neuen Jahr

Kennst du das? Vor Weihnachten lebe ich in der ständigen »Angst«, dass die Plätzchen nicht reichen könnten. Nach Weihnachten muss ich dann aber oft feststellen, dass ich viel zu viele Kekse gebacken habe. Wer dieses Dilemma kennt, der muss unbedingt den Plätzchen-Restekuchen ausprobieren!

ca. 1 Stunde | für 1 Gugelhupfform

- 400 g Weihnachtsplätzchen oder Kekse
- 200 ml Vollmilch
- 50 ml Eierlikör (alternativ Milch)
- 2 Eier
- 50 g Zucker
- 80 g Weizenmehl Type 405
- 20 g Backkakaopulver
- 1 Pck. Backpulver
- 1 TL Vanilleextrakt oder 1 Pck. Vanillezucker
- 100 g fein gehackte Schokolade (optional, z.B. Zartbitter)
- Butter für die Backform
- Schokoladenglasur
- Zuckerperlen

Hacke die Plätzchen fein oder mahle sie in einem Mixer zu feinen Krümeln. Gib diese in eine Schüssel und gieße die Milch sowie den Eierlikör dazu. Lass die Mischung etwa 15–30 Minuten quellen. Nachdem die Plätzchen gequollen sind, kannst du die Masse noch einmal pürieren. Die Konsistenz sollte wie Grießbrei sein, dann ist es genau richtig.

Heize den Backofen auf 175 °C (Ober-/Unterhitze) vor.

Schlage die Eier mit dem Zucker etwa 5 Minuten schaumig. Hebe dann vorsichtig die Plätzchenmasse unter.

Mische das Mehl mit dem Kakaopulver und dem Backpulver und hebe es mit dem Vanilleextrakt ebenfalls unter die Eier-Plätzchen-Mischung. Der Teig sollte dickflüssig wie bei einem Rührkuchen sein. Falls der Teig zu dünn oder zu fest ist, gib entweder noch mehr Keksbrösel oder etwas Milch hinzu.

Hebe nach Wunsch noch die gehackte Schokolade unter.

Fülle den Teig in die mit Butter ausgestrichene Backform und backe den Kuchen etwa 35–40 Minuten (Stäbchenprobe!). Lass ihn dann abkühlen, bevor du ihn mit der Schokoladenglasur überziehst und mit den Zuckerperlen verzierst.

Mein Tipp

Auch außerhalb der Weihnachtszeit funktioniert dieses Rezept mit allen trockenen Keks- und Gebäckresten. Perfekt also, um die alte Packung Butterkekse im Schrank aufzubrauchen.

WITH
LOVE

Rote-Bete-Schokokuchen

Besonders saftig

Rote-Bete-Salat kommt bei fränkischen Omas ganz oft als gesunde Beilage zum Essen auf den Tisch. Doch man kann das Wurzelgemüse nicht nur herzhaft genießen! Im Gegenteil: Nach meiner Ansicht kommt das Aroma von Roter Bete erst im Zusammenspiel mit Schokolade richtig gut zur Geltung …

ca. 1 Stunde | für 1 Springform (20 cm Durchmesser)

- 200 g vorgegarte Rote Bete
- 130 g Rohrzucker
- Pflanzenmargarine für die Form
- 220 g Dinkelmehl Type 630
- 30 g Backkakaopulver plus etwas mehr für die Form
- 2 TL Backpulver
- ½ TL Backnatron
- 1 Prise Salz
- 100 ml Hafer- oder Sojadrink
- 100 ml Sonnenblumenöl
- 2 TL Apfelessig
- ½ TL Vanilleextrakt
- 50 g geschmolzene Zartbitterschokolade (mind. 50 % Kakaoanteil)
- 150 ml veganes Sahneersatzprodukt (z.B. Hafer- oder Soja-Cuisine)
- 100 g Zartbitterschokolade (mind. 50 % Kakaoanteil)
- gehackte Nüsse oder Schokoladenraspel (optional)

Schneide die Rote Bete klein und püriere sie zusammen mit dem Zucker, bis keine Stückchen mehr vorhanden sind.

Heize den Backofen auf 175 °C (Ober-/Unterhitze) vor, streiche die Springform mit Margarine ein und staube sie mit etwas Kakaopulver aus.

Gib das Mehl mit dem Kakaopulver, dem Backpulver und dem Backnatron in eine Rührschüssel und gib dann noch das Salz zu. Verquirle die pflanzliche Milch, das Öl, den Apfelessig, das Vanilleextrakt und die Schokolade und rühre die Mischung unter das Rote-Bete-Mus.

Gieße die Rote-Bete-Mischung über das Mehl und verrühre alles kurz und kräftig zu einem glatten Teig. Fülle ihn in die vorbereitete Springform und backe den Kuchen für etwa 35–40 Minuten. Mache die Stäbchenprobe, hierbei darf der Teig aber gerne noch etwas feucht sein.

Lass den Kuchen abkühlen und bereite in der Zeit die Glasur vor. Hierfür erhitzt du die vegane Sahne und nimmst den Topf vom Herd. Hacke die Schokolade und lass sie in der heißen Sahne schmelzen, bis sie sich ganz aufgelöst hat.

Gib die Glasur über den Kuchen und lass sie fest werden, bevor du den Kuchen servierst. Nach Wunsch kannst du den Kuchen noch mit gehackten Nüssen oder Schokostückchen dekorieren.

Glutenfreier Karottenkuchen

Supersaftig zu Ostern

Gemüse im Kuchen? Das geht nicht nur mit Roter Bete (siehe vorherige Doppelseite), sondern natürlich auch mit Karotten. Der Karottenkuchen ist wohl ein Klassiker zu Ostern! Und das Beste: Dieses Rezept ist glutenfrei, da es komplett ohne Mehl auskommt. So ist die Ostertafel für alle ein Genuss!

ca. 80 Minuten | für 1 Springform (26 cm Durchmesser)

450 g Karotten
7 Eier
200 g Zucker
1 Pck. Vanillezucker
Schalenabrieb von ½ unbehandelten Zitrone
1 Prise Salz
250 g gemahlene Haselnusskerne
250 g gemahlene Mandelkerne
1 TL Backpulver
1 EL Amaretto (optional)
Butter für die Form
1 frisches Eiweiß
300 g Puderzucker
2 EL Orangensaft
12 Marzipankarotten

Schäle die Karotten und reibe sie fein.

Trenne die Eier und gib dabei das Eiweiß und die Eigelbe in getrennte Rührschüsseln. Schlage das Eiweiß sehr steif.

Schlage dann das Eigelb etwa 1 Minute cremig. Mische den Zucker, den Vanillezucker, den Zitronenabrieb und das Salz und gib alles nach und nach unter Rühren zum Eigelb. Rühre mit dem Handmixer die Mischung weitere 2 Minuten cremig.

Rühre dann die Nüsse, die Mandeln, das Backpulver, nach Wunsch den Amaretto und die geriebenen Karotten unter.

Zuletzt hebst du vorsichtig das steife Eiweiß unter den Teig.

Fülle den Teig in die mit Butter ausgestrichene Backform und backe den Kuchen im auf 180 °C vorgeheizten Backofen (Ober-/Unterhitze) etwa 50 Minuten. Mach die Stäbchenprobe und lass den Kuchen anschließend auskühlen.

Schlage für den Guss das Eiweiß schaumig. Siebe den Puderzucker darüber, gib den Orangensaft und 2 EL Wasser dazu und verrühre alles zu einem glatten Guss.

Wenn der Kuchen abgekühlt ist, überziehst du ihn komplett mit dem Guss und legst dann die Karotten aus Marzipan in gleichmäßigen Abständen auf den Kuchen.

Mein Tipp

Besonders gut schmeckt der Kuchen, wenn du ihn einige Tage vor dem Servieren durchziehen lässt. Also gerne schon in der Karwoche backen!

Limo-Blechkuchen

Mit Franken-Rechen verziert

Fränkisch backen kann auch heißen: in den fränkischen Farben fränkische Wappen backen. Und genau das habe ich mit diesem Limo-Blechkuchen gemacht. Geschnitten in Wappenform mit einem Rechen aus rotem Marzipan werden die kleinen Kuchen zum Hingucker. Übrigens: Eine Vorlage zum Ausschneiden findest du auf Seite 191.

ca. 1 Stunde | für 6 Stück (Backform 20 x 30 cm)

4 Eier
300 g Zucker
2 Pck. Vanillezucker
180 ml Orangenlimonade
120 ml neutrales Pflanzenöl
Schalenabrieb von 1 unbehandelten Zitrone
350 g Weizenmehl Type 405
1 Pck. Backpulver
250 g Puderzucker
4 EL Zitronensaft
Marzipanrohmasse
rote Lebensmittelfarbe

Rühre zuerst die Eier mit dem Zucker und dem Vanillezucker etwa 5 Minuten weißlich-cremig. Mische dann die Limonade, das Öl und die Zitronenschale. Lass die Mischung in einem dünnen Strahl unter Rühren in die Eiermasse laufen.

Gib das Mehl mit dem Backpulver in die Schüssel und hebe es vorsichtig unter die Eiermasse. Fülle den Teig in die mit Backpapier ausgelegte Backform, streiche ihn glatt und backe den Limo-Kuchen im auf 175 °C vorgeheizten Backofen (Ober-/Unterhitze) etwa 25 Minuten. Lass den Kuchen im Anschluss abkühlen.

Mische den Puderzucker mit dem Zitronensaft zu einer zähflüssigen Glasur und gib diese über den abgekühlten Kuchen.

Schneide den Kuchen in etwa 6 Wappen. Färbe das Marzipan mit der roten Lebensmittelfarbe ein und rolle es dann dünn aus. Daraus schneidest du den oberen Teil des Wappens aus. Es sollten Vierecke entstehen, die an einer Seite vier Zacken haben, so wie auf der Vorlage (siehe Seite 191) zu erkennen. Lege diese auf die Wappen.

Fränkischer Pumpkin Pie

Franken meets USA

Kürbis ist – neben Spargel – mein absolutes Lieblingsgemüse. In Franken serviert man ihn normalerweise eher süß-sauer oder als Kompott. Aber wir dürfen uns natürlich von anderen Ländern inspirieren lassen. Deshalb habe ich einen amerikanischen Pumpkin Pie mit deutscher Mürbeteig-Kruste gebacken. Supercremig und -lecker!

ca. 90 Minuten | für 1 Springform (18 cm Durchmesser)

125 g Weizenmehl Type 405 plus etwas mehr für die Teigbearbeitung

Salz

60 g Butter plus etwas mehr für die Form

2 Eier

50 g Zucker

350 g klein gewürfeltes Kürbisfruchtfleisch (z. B. Butternut-Kürbis)

120 g brauner Zucker oder Muscovadozucker

1 gestr. EL Vollmilch

1 TL gemahlener Zimt

¾ TL Ingwerpulver

½ TL frisch geriebene Muskatnuss

225 g gesüßte Kondensmilch

1 Eigelb

Bereite aus dem Mehl, 1 Prise Salz, der Butter, 1 Ei und dem Zucker den Mürbeteig, wie im Grundrezept auf Seite 10 beschrieben, zu. Wickle den Teig im Anschluss in Frischhaltefolie und lass ihn im Kühlschrank für etwa 40 Minuten ruhen.

Für die Füllung kochst du die Kürbiswürfel mit ganz wenig Wasser etwa 10 Minuten, bis sie weich sind. Gieße die Kürbiswürfel über einem mit Küchentuch ausgelegten Sieb ab und lass sie gut abtropfen. Fülle sie dann in einen hohen Mixbecher um und püriere sie mit einem Stabmixer. Lass das Kürbispüree lauwarm abkühlen.

Fülle das Püree in eine Rührschüssel um und mische den braunen Zucker, die Mich, einen halben TL Salz, den Zimt, den Ingwer, die Muskatnuss, die Kondensmilch, das restliche Ei (1) und das Eigelb zu einer glatten Füllung unter.

Knete den Teig nach dem Ruhen auf einer bemehlten Arbeitsfläche durch und rolle ihn dünn aus. Kleide damit die mit etwas Butter eigestrichene Springform aus und forme einen Rand von etwa 3 cm Höhe. Fülle nun die Kürbisfüllung in die Form und streiche sie glatt.

Backe den Pumpkin Pie im auf 180 °C vorgeheizten Backofen (Ober-/Unterhitze) etwa 50 Minuten.

Mein Tipp

Für einen Pumpkin Pie mit 24 cm Durchmesser benötigst du die 1,5-fache Menge der Zutaten.

Fränkisches Schichtdessert

À la Lebkuchen-Tiramisu

Und noch ein Cross-over-Rezept: In diesem Lebkuchen-Tiramisu trifft Franken auf Italien. Denn statt Löffelbiskuit lassen sich hervorragend Lebkuchen zum Einschichten verwenden. Und getränkt wird nicht nur mit Espresso, sondern auch mit Glühwein. Das Rezept ist ideal zum Resteverwerten nach Weihnachten, denn auch leicht trockene Lebkuchen lassen sich dazu nutzen.

ca. 30 Minuten plus 12 Stunden Ruhezeit | für 4–6 Dessertgläser oder 1 Springform (18 cm Durchmesser)

200 g flüssige Sahne

1 EL Sahnestandmittel (optional)

250 g Mascarpone

100 g Magerquark

Schalenabrieb von 1 unbehandelten Zitrone

1 EL Vanillezucker

Mark von 1 Vanilleschote

6 runde Lebkuchen

2 EL Glühwein

2 EL Kaffee

Backkakaopulver

Außerdem

4–6 Dessertgläser

Schlage für die Creme die Sahne steif und rühre nach Wunsch das Standmittel unter. Verrühre den Mascarpone, den Quark, die Zitronenschale, den Vanillezucker und das Vanillemark und hebe dann die Sahne vorsichtig unter.

Brich die Lebkuchen in Viertel, falls du das Tiramisu in kleinen Dessertgläsern oder -schalen servieren möchtest. Mische nun den Glühwein mit dem Kaffee und tauche die Lebkuchen in die Flüssigkeit.

Falls du eine Springform benutzt, kleide sie mit Frischhaltefolie aus. Fülle dann in die Dessertgläser bzw. -schalen oder deine Form abwechselnd eine Lage der getränkten Lebkuchen und eine Lage Creme und schließe mit einer Schicht Creme ab. Staube die oberste Schicht mit Kakao und stelle das Dessert über Nacht in den Kühlschrank.

Fruchtige Kuchen-Bowl

Torte als Dessert im Glas

Torte im Glas? Ja, bitte! Du kannst für dieses leckere Schichtdessert super Reste von Rührkuchen verwenden, z.B. von Marmorkuchen (Seite 142) oder Limo-Blechkuchen ohne die Glasur (Seite 152). Auch die Früchte kannst du je nach Jahreszeit variieren. Für mich eines meiner Geheimrezepte, wenn ich schnell ein Dessert zubereiten möchte.

ca. 30 Minuten | für 4–6 Dessertgläser

ca. 350 g Schattenmorellen (Konserve) oder 750 g frische Kirschen

1 EL Zucker

260 ml Kirschsaft

Mark von 1 Vanilleschote

2 EL Puddingpulver oder Maisstärkemehl

200 g flüssige Sahne

200 g Doppelrahmfrischkäse

3–4 EL Puderzucker

1 TL Zitronensaft

etwas Schalenabrieb von 1 unbehandelten Zitrone

Reste eines Rührkuchens

Außerdem

4–6 Dessertgläser

Für das Kirschkompott entsteinst und halbierst du die frischen Kirschen. Kirschen aus dem Glas lässt du abtropfen, wobei du den Saft auffängst. Lass den Zucker in einem kleinen Topf leicht karamellisieren und gib dann die Kirschen dazu.

Lösche die Mischung mit 200 ml Kirschsaft ab und lass frische Kirschen noch etwa 5 Minuten köcheln. Gib dann das Vanillemark zu. Rühre das Puddingpulver mit dem restlichen Kirschsaft (60 ml) glatt und mische es unter das Kompott. Lass die Mischung noch 2 Minuten weiterköcheln und dann abkühlen.

Schlage für die Creme die Sahne steif. Mische den Frischkäse mit dem Puderzucker, dem Zitronensaft und dem Zitronenabrieb. Hebe die Sahne unter.

Würfele die Kuchenreste.

Fülle als erste Schicht etwas Sahnecreme in die Dessertgläser. Achte dabei darauf, dass das Glas an den Rändern sauber bleibt, um ein dekoratives Ergebnis zu erhalten. Danach gibst du auf die Sahne etwas von der Kirschgrütze, dann ein paar Kuchenwürfel und anschließend wieder Sahnecreme. Schließe mit einer Schicht Kirschen ab.

HELL

Bierkasten-Torte

Highlight für Geburtstage

Franken ist Bierland. Wir haben in Oberfranken die höchste Brauereidichte der Welt. Und genau diese Liebe zum Bier würdige ich mit dem Bierkasten-Kuchen. Denn in den saftigen Schokoladenkuchen kommt Bier hinein, Schokoküsse stehen für die »Flaschenhälse« und serviert wird in einem echten Bierkasten.

ca. 1 Stunde | für 1 Backblech (ca. 30 x 40 cm)

500 g Butter
500 g Weizenmehl Type 405
200 g Backkakaopulver
1 Pck. Backpulver
1 Prise Salz
240 g Zucker
300 g brauner Zucker
240 g Naturjoghurt (3,5 % Fettgehalt)
4 zimmerwarme Eier
500 ml dunkles Bier
300 g Zartbitterschokolade
300 g flüssige Sahne
20 kleine Zartbitter-Schokoküsse

Außerdem

1 Unterlage in der Größe des Bierkastens (z. B. zugeschnittener Karton, der mit Frischhaltefolie umwickelt wird)
20 Kronkorken
1 leerer Bierkasten

Heize den Backofen auf 180 °C (Ober-/Unterhitze) vor und lege das Backblech mit Backpapier aus.

Schmelze die Butter und lass sie leicht abkühlen. Gib das Mehl, das Kakaopulver, das Backpulver in eine Schale und mische das Salz unter.

Rühre den Zucker, den braunen Zucker, das Joghurt und die Eier 2–3 Minuten, bis der Zucker gelöst ist. Dann rührst du die geschmolzene Butter und die Mehlmischung im Wechsel unter. Zum Schluss gibst du das Bier hinzu. Der Teig ist jetzt relativ flüssig, das ist aber vollkommen normal.

Gieße den Teig auf das Backblech und streiche ihn glatt. Backe den Kuchen etwa 25–30 Minuten (Stäbchenprobe machen) und lass ihn dann abkühlen.

Hacke für die Dekoration die Schokolade klein. Koche die Sahne auf und ziehe den Topf vom Herd. Rühre die Schokolade ein, bis eine glatte Masse entstanden ist. Lass die Ganache kurz abkühlen.

Klebe mit einem Tropfen Ganache je einen Kronkorken auf einen Schokokuss und lass die »Flaschenhälse« mit dem Kronkorken nach unten im Kühlschrank etwa 15 Minuten abkühlen.

Löse den Kuchen aus der Form und lege ihn auf ein Arbeitsbrett. Schneide ihn passend auf die Maße deiner Unterlage.

Dann glasierst du den Kuchen mit der restlichen Ganache und setzt die »Flaschenhälse« gleichmäßig so darauf, wie Flaschen in einem Kasten stehen. Lass den Kuchen etwa 45–60 Minuten im Kühlschrank fest werden.

Dann setzt du den Kuchen in den leeren Bierkasten und fertig ist die Bierkasten-Torte.

Mein Tipp

Wenn du nur einen 9er-Kasten backen möchtest, verwende einfach die Hälfte des Rezepts.

XXL-Windbeutel

Wer braucht da noch eine Torte?

In Franken gibt es mehrere Cafés, die bekannt für ihre XXL-Windbeutel sind. Die mit Sahne, Früchten und Eis gefüllten luftigen Brandteig-Kunstwerke ersetzen eine Torte mehr als würdig. Wenn ihr die Windbeutel der Superlative selbst machen wollt, kann ich euch beruhigen: Es geht ganz einfach.

ca. 90 Minuten | für 4 Stück

25 g Butter
1 Prise Salz
85 g Weizenmehl Type 405
20 g Speisestärke
3 Eier
1 Msp. Backpulver
ca. 350 g Schattenmorellen (Konserve)
2 EL Speisestärke
1 EL Vanilleextrakt
1 Schuss Rum (optional)
200 g flüssige Sahne
1 EL Sahnestandmittel
4 Kugeln Vanilleeis
Puderzucker
Schokoladensplitter

Außerdem

Spritzbeutel (mit großer Tülle)

Für den Brandteig kochst du 125 ml Wasser mit der Butter und dem Salz in einem kleinen Topf auf. Nimm dann den Topf wieder vom Herd. Mische das Mehl und die Speisestärke in einer Schale und gib die Mischung auf einmal in die heiße Flüssigkeit.

Verrühre alles mit einem Kochlöffel zu einem glatten Teigkloß und erhitze diesen dann etwa 1 Minute unter ständigem Rühren (»abbrennen«), bis sich ein weißer Film am Topfboden bildet. Fülle den Teigkloß anschließend in eine Rührschüssel um.

Gib nacheinander 2 Eier zu und arbeite diese auf höchster Stufe mit den Knethaken des Handrührgeräts ein. Das letzte Ei verquirlst du und arbeitest nur so viel ein, bis der Teig stark glänzt und in Spitzen an den Knethaken hängen bleibt. Lass den Teig abkühlen und rühre dann das Backpulver unter.

Fülle den Teig nun in einen Spritzbeutel und spritze mit ausreichend Abstand zueinander vier große doppellagige Kreise auf ein mit Backpapier ausgelegtes Backblech. Die Windbeutel sollten einen Durchmesser von etwa 15 cm haben.

Nun backst du die Windbeutel im auf 200 °C vorgeheizten Backofen (Ober-/Unterhitze) 20–25 Minuten. Achtung: Du darfst in den ersten 15 Minuten den Backofen nicht aufmachen, da die Windbeutel ansonsten in sich zusammenfallen.

Wenn die Windbeutel fertig gebacken sind, schneidest du sofort einen Deckel ab und lässt dann alle Teile auf einem Kuchengitter abkühlen.

Für die Kirschfüllung lässt du die Kirschen abtropfen und fängst den Saft dabei auf. Rühre die Speisestärke mit 2 EL Kirschsaft glatt. Gib dann die Kirschen zusammen mit 200 ml Saft in einen Topf und koche sie auf.

Rühre die angerührte Speisestärke unter die Kirschen und lass das Ganze unter ständigem Rühren noch einmal aufkochen. Nimm die Kirschen vom Herd und rühre das Vanilleextrakt und nach Wunsch den Rum unter.

Für die Sahnecreme schlägst du die Sahne mit dem Sahnestandmittel auf und füllst sie in einen Spritzbeutel mit großer Tülle um.

Für die Fertigstellung nimmst du dir einen Windbeutelboden und verteilst zuerst etwas von der Kirschfüllung darauf. Auf die Kirschen gibst du je eine Kugel Vanilleeis und spritzt dann die Sahne um und auf das Eis. Anschließend setzt du den Deckel auf. Spritze mittig auf den Deckel noch etwas Sahne und setze eine Kirsche darauf. Abschließend kannst du noch etwas Puderzucker darüberstauben und dann Schokoladensplitter darüberstreuen.

Mein Tipp

Ein XXL-Windbeutel schmeckt natürlich auch mit anderen Eissorten, Früchten oder Saucen wunderbar. Deiner Kreativität sind keine Grenzen gesetzt!

Biskuitrolle mit Beeren

Ein Hingucker für Sonntage

Biskuitrolle ist ein Klassiker aus Omas Küche. Aber so hast du sie vermutlich noch nie probiert: die Beeren auf der Außenseite statt auf der Innenseite. Das ist definitiv ein Hingucker und ein kleiner Vorteil: Denn wenn deine Biskuitrolle etwas eingerissen ist, kannst du das durch die Deko gut verstecken ...

ca. 1 Stunde plus ca. 2,5 Stunden Ruhezeit | für 1 Biskuitrolle (Backblech ca. 30 x 40 cm)

- 4 Eier
- 125 g Zucker plus 2–3 EL mehr zum Bestreuen des Küchentuchs
- 1 Pck. Vanillezucker
- 125 g Weizenmehl Type 405
- 3 Blatt Gelatine
- 125 g Himbeeren
- 500 g Sahne
- 125 g Erdbeerkonfitüre oder Johannisbeergelee
- 400 g gemischte Beeren (z.B. Himbeeren, Heidelbeeren, Erdbeeren oder Brombeeren)
- Minzblätter (optional)

Heize den Backofen auf 180 °C (Ober-/Unterhitze) oder 200 °C (Heißluft) vor.

Bereite aus den Eiern, dem Zucker, dem Vanillezucker und dem Mehl einen Biskuitteig, wie auf Seite 11 beschrieben, vor. Streiche den Teig auf ein mit Backpapier ausgelegtes Backblech und backe ihn etwa 10 Minuten.

Streue 2–3 EL Zucker auf ein sauberes Küchentuch und stürze den Biskuitboden direkt nach dem Backen darauf. Ziehe das Backpapier ab und drehe das Rechteck so, dass die lange Seite unten liegt. Dann rollst du den Biskuitboden zusammen mit dem Küchentuch von unten nach oben auf. Lass den Biskuit etwa 30 Minuten abkühlen.

Für die Füllung weichst du als Erstes die Gelatine in kaltem Wasser ein. Püriere dann die Himbeeren und schlage 250 g Sahne steif.

Drücke die Gelatine anschließend aus, gib sie in eine Schale und löse sie über einem Wasserbad vollständig auf. Nimm die Schale vom Wasserbad und rühre dann portionsweise das Himbeerpüree unter. Hebe das Himbeerpüree danach vorsichtig unter die geschlagene Sahne.

Entrolle jetzt den Biskuit. Rühre die Konfitüre glatt und streiche eine dünne Schicht auf den Biskuitboden. Dann verteilst du die Himbeersahne darüber, wobei du rundherum einen Rand von etwa 2 cm frei lässt. Rolle jetzt den Biskuit wieder vorsichtig auf und lass die Rolle mindestens 2 Stunden kühlen, damit die Füllung fest wird.

Schlage dann die restliche Sahne (250 g) steif und wasche bzw. verlese die restlichen Beeren. Streiche die Außenseite der Rolle mit der Sahne ein und dekoriere die Rolle großzügig mit den Beeren sowie einigen Minzblättern.

Maronentörtchen

Edel mit Blattgold

Heiße Maroni sind typisch für fränkische Weihnachtsmärkte. Dabei sind Maronen nicht nur pur lecker, sondern man kann damit auch hervorragend backen. Wie zum Beispiel diese edlen Törtchen mit Blattgold.

ca. 1 Stunde plus 1–2 Stunden Ruhezeit | für 6 Stück

3 Eier
180 g Zucker
1 Prise Salz
Vanilleextrakt (optional)
3 EL heißes Wasser
100 g Weizenmehl Type 405
20 g Speisestärke
1 gestrichener TL Backpulver
4 Blatt Gelatine
300 g Maronen (vorgegart und vakuumiert)
200 g Mascarpone
1 EL Backkakaopulver
1 Pck. Vanillezucker
70 ml Vollmilch
150 g flüssige Sahne
50 g Zartbitterschokolade
Blattgold

Außerdem

Spritzbeutel mit Sterntülle
Dessertring (7–10 cm Durchmesser)

Mein Tipp

Für eine dunkle Teigvariante kannst du 20 g Mehl durch 20 g Backkakaopulver ersetzen.

Bereite aus den Eiern, 100 g Zucker, dem Salz, nach Wunsch Vanilleextrakt, dem Wasser, dem Mehl, der Speisestärke und dem Backpulver einen Biskuitteig, wie auf Seite 11 beschrieben, vor.

Backe den Biskuit auf einem mit Backpapier ausgelegten Backblech im auf 180 °C vorgeheizten Backofen (Ober-/Unterhitze) etwa 15 Minuten. Lass den Biskuitboden vollständig auskühlen.

Für die Creme weichst du die Gelatine in kaltem Wasser ein. Fülle die Maronen zusammen mit dem Mascarpone, dem restlichen Zucker (80 g), dem Kakaopulver, dem Vanillezucker und 20 ml Milch in einen hohen Mixbecher und püriere das Ganze.

Wärme die restliche Milch (50 ml) in einem Topf auf und löse die ausgedrückte Gelatine in der heißen Milch auf. Ziehe 3 EL der Maronencreme unter und rühre dann die Mischung unter die restliche Creme. Sobald die Creme geliert, schlägst du die Sahne steif und hebst sie vorsichtig unter. Fülle die Creme in einen Spritzbeutel mit Sterntülle.

Stich aus dem Teig mit einem hohen Dessertring (7–10 cm Durchmesser) 18 Kreise aus. Spritze etwas Creme auf einen Kreis und lege einen weiteren Kreis darauf. Wiederhole diesen Vorgang. Auf den obersten Boden spritzt du mit der Creme in der Mitte eine dekorative Rosette.

Stelle die Maronentörtchen etwa 1–2 Stunden kalt, bis die Creme fest ist.

Dann hackst du die Schokolade, schmilzt sie über einem Wasserbad und füllst sie in einen Gefrier- oder Spritzbeutel, von dem du eine kleine Ecke abschneidest (Achtung, wirklich nur ganz wenig, die Linien sollen fein werden). Spritze dann ein Spiralen-Muster auf ein Stück Backpapier und setze in die Mitte ein Stück Blattgold. Lass die Schokodekoration erkalten.

Vor dem Servieren löst du vorsichtig eine Schokodekoration vom Backpapier und setzt sie auf dein Törtchen.

Himbeer-Quark-Muffins

Schnell, einfach und leicht

Die fränkische Küche lebt von ihren einfachen Zutaten, aus denen etwas Bodenständiges, Leckeres wird. So wie diese supersaftigen Muffins mit Quark und Himbeeren. Das Tolle daran: Auch dieses Rezept kannst du super variieren und andere saisonale Früchte verwenden.

ca. 30 Minuten | für 12 Stück

2 Eier
75 ml neutrales Pflanzenöl
150 g Magerquark
2–4 EL Orangensaft
200 g Weizenmehl Type 405
1 Pck. Backpulver
100 g Zucker
1 Prise Salz
150 g Himbeeren (frisch oder TK)
50 g Schokostreusel

Außerdem

12 Papierförmchen
Muffinblech

Heize den Backofen auf 200 °C (Ober-/Unterhitze) vor und lege jeweils ein Muffinförmchen aus Papier in die Vertiefungen des Muffinblechs ein.

Verrühre in einer Rührschüssel die Eier, das Öl, den Magerquark und 2 EL Orangensaft. Gib das Mehl mit dem Backpulver in eine separate Rührschüssel, vermische es mit dem Zucker und dem Salz und gib dann die Ei-Öl-Magerquark-Mischung vorsichtig dazu. Falls der Teig dir zu fest erscheint, rühre noch etwas Orangensaft unter.

Hebe die Himbeeren und Schokostreusel behutsam unter den Teig und fülle den Teig in die Förmchen.

Lass die Muffins für etwa 20 Minuten backen. Mache die Stäbchenprobe und lass dann die Muffins kurz abkühlen. Löse sie, solange sie noch lauwarm sind, vorsichtig aus der Form und lass sie dann auf einem Kuchengitter auskühlen.

Mein Tipp

Wenn du je einen TL ungekochten Reis in jede Vertiefung des Muffinblechs gibst, bevor du die Papierförmchen hineinsetzt, weichen deine Muffins nicht so sehr durch. Denn der Reis absorbiert Wasserdampf beim Backen.

Mini-Apfelkuchen

Gedeckter Apfelkuchen mal anders

Gedeckter Apfelkuchen ist natürlich ein echter Dauerbrenner, den es wohl bei vielen oft zu Hause gab. Aber wie sagt man so schön: Im Mini-Format wird jeder Kuchen besser – oder? Dasselbe gilt für die Mini-Apfelkuchen. Gebacken in der Muffinform hast du das optimale Verhältnis aus knuspriger Kruste und saftiger Füllung.

ca. 45 Minuten | für 12 Stück

300 g Weizenmehl Type 405 plus etwas mehr für die Teigbearbeitung

½ TL Backpulver

60 g Zucker

1 Ei

125 g Butter plus etwas mehr für die Muffinform

750 g säuerliche Äpfel (z. B. Boskoop)

Saft von ½ Zitrone

2 EL flüssiger Honig

1 Zimtstange

1 TL Speisestärke

2 EL Apfelsaft oder Weißwein

1 Msp. gemahlener Zimt (optional)

1 Eigelb

1 EL Vollmilch

Außerdem

Muffinblech

Bereite aus dem Mehl, dem Backpulver, dem Zucker, dem Ei und der Butter den Mürbeteig, wie auf Seite 10 beschrieben, zu.

Für die Füllung schälst, entkernst und schneidest du die Äpfel in kleine Würfel. Fülle sie in einen Topf und dünste dann die Äpfel zusammen mit dem Zitronensaft, dem Honig und der Zimtstange kurz an. Sie sollten noch bissfest sein.

Rühre die Speisestärke im Apfelsaft oder Wein glatt und rühre die Mischung unter das Apfelkompott. Entferne die Zimtstange und erhitze das Kompott noch einmal, sodass es andickt, und schmecke das Kompott nach Wunsch mit etwas gemahlenem Zimt ab.

Teile etwa ein Drittel des Mürbeteigs ab und stelle es beiseite. Rolle den Rest auf einer bemehlten Arbeitsfläche aus und kleide damit die mit etwas Butter eingestrichenen Vertiefungen des Muffinblechs aus. Fülle dann immer etwas von der Füllung in die entstandenen Teigschalen.

Rolle den beiseitegestellten Teig und gegebenenfalls noch vorhandene Teigreste aus. Schneide ihn in schmale Streifen. Lege sie im Kreuzmuster auf die Muffins, sodass die Füllung bedeckt ist. Verquirle das Eigelb mit der Milch und bestreiche jedes Apfelküchlein mit der Ei-Milch-Mischung.

Backe die Muffins im auf 175 °C vorgeheizten Backofen (Ober-/Unterhitze) etwa 30–35 Minuten. Wenn die Küchlein zu dunkel werden, kannst du das Muffinblech mit Alufolie abdecken und sie weiter backen.

Lass die Küchlein kurz abkühlen. Löse sie noch lauwarm mithilfe von Löffeln aus der Form und lass sie im Anschluss auf einem Kuchengitter vollständig auskühlen.

Eierlikör-Cupcakes

Eierlikörkuchen in Mini-Form

Ich liebe Eierlikör! Doch es muss nicht immer Eierlikörtorte (Seite 54) sein. Serviere doch beim nächsten Osterbrunch einfach mal diese niedlichen Cupcakes mit Eierlikör. Am besten du bereitest die Cupcakes und die Sahne schon einmal vor und gibst den Eierlikör erst am Tisch frisch darüber.

ca. 45 Minuten plus einige Stunden Ruhezeit | für 8 Stück

125 g zimmerwarme Butter
100 g Zucker
2 zimmerwarme Eier
100 g Weizenmehl Type 405
2 EL Backkakaopulver
2 TL Backpulver
100 g geriebene Zartbitterschokolade
50 ml Vollmilch
100 ml Eierlikör plus etwas mehr zum Beträufeln
200 g flüssige Sahne
1–2 EL Sahnestandmittel
Schokoladenraspel (optional)

Außerdem
Muffinblech
8 Papierförmchen
Spritzbeutel mit Sterntülle

Heize den Backofen auf 180 °C (Ober-/Unterhitze) vor. Kleide die 8 Vertiefungen eines Muffin-Backblechs mit Papierförmchen aus.

Schlage zuerst die Butter mit dem Zucker etwa 3 Minuten schaumig. Rühre im Anschluss die Eier nacheinander unter.

Mische das Mehl, das Kakao- und das Backpulver zusammen und gib es in die Eier-Butter-Mischung. Hebe die Mehl-Mischung vorsichtig unter. Mische zum Schluss die Schokolade, die Milch und den Eierlikör unter die Masse.

Verteile den Teig gleichmäßig in die 8 Backförmchen und backe die Muffins etwa 25 Minuten im vorgeheizten Backofen. Lass die Muffins nach dem Backen komplett auskühlen.

Für die Dekoration schlägst du die Sahne mit dem Sahnestandmittel auf. Fülle die Sahne in einen Spritzbeutel mit Sterntülle und dressiere sie auf jeden Muffin auf. Lass dabei in der Mitte eine kleine Mulde entstehen.

Kurz vor dem Servieren träufelst du dann vorsichtig in jede Mulde etwas Eierlikör, sodass er leicht überläuft. Verziere dann nach Wunsch noch mit einigen Schokoraspel.

Mein Tipp

Das Grundrezept für die Schoko-Cupcakes schmeckt auch superlecker mit einer Ganache als Topping statt der Sahne und dem Eierlikör.

Franken-Petit-Fours

Franken meets Frankreich

Klein, aber oho! Das gilt auch für diese Petit Fours in den fränkischen Farben Rot und Weiß. Besonders lecker schmecken die französischen Mini-Kuchen, wenn sie schon ein oder zwei Tage durchgezogen haben. Also bereite sie gerne etwas im Voraus zu.

ca. 45 Minuten plus ca. 12 Stunden Ruhezeit | für ca. 16 Stück

4 Eier
50 g Butter
1 Prise Salz
120 g Zucker
2 Pck. Vanillezucker
200 g Marzipanrohmasse
100 g Weizenmehl Type 405
60 g Speisestärke
100 g rotes Gelee (z.B. Traube)
100 g gelbe Konfitüre (z.B. Aprikose)
200 g Puderzucker
Zuckerstreusel

Heize den Backofen auf 200 °C (Ober-/Unterhitze) vor. Trenne die Eier und gib Eigelb und Eiweiß in getrennte Rührschüsseln. Schmilz die Butter und stelle sie zunächst zur Seite, damit sie leicht abkühlt.

Schlage dann das Eiweiß mit dem Salz, dem Zucker und dem Vanillezucker steif. Rasple 50 g Marzipanrohmasse und verrühre sie mit 2 EL heißem Wasser und den Eigelben.

Hebe den Eischnee vorsichtig unter die Marzipan-Ei-Masse. Gib das Mehl zusammen mit der Speisestärke darüber und hebe alles unter. Im letzten Schritt rührst du vorsichtig die flüssige Butter unter den Teig.

Verteile den Teig als dünne Schicht auf einem mit Backpapier ausgelegten Backblech (30 x 40 cm) und backe den Boden etwa 8 Minuten. Lass ihn anschließend auskühlen.

Rühre das Gelee und die Konfitüre glatt. Bestreiche nach dem Auskühlen eine Hälfte mit der hellen Konfitüre und die andere Hälfte mit dem dunklen Gelee. Schneide den Boden im Anschluss in Viertel und staple diese – immer abwechselnd ein roter und ein gelber Boden – aufeinander.

Rolle das restliche Marzipan (150 g) dünn aus und lege es über den Stapel. Decke den Stapel anschließend mit Frischhaltefolie ab, beschwere ihn mit einem Teller oder einem anderen Blech und lass den Kuchen über Nacht im Kühlschrank durchziehen.

Ziehe am nächsten Tag die Frischhaltefolie ab und schneide den Stapel in rautenförmige Petit Fours.

Für die Glasur rührst du den Puderzucker mit 3–4 EL warmem Wasser glatt. Überziehe die Petit Fours mit der Glasur, dekoriere mit Zuckerstreuseln und lass sie aushärten.

Feine Rumplätzchen

Terrassenplätzchen mit Schwips

Terrassenplätzchen oder mit Marmelade gefüllte Plätzchen gibt es wohl in 1000 Varianten in Franken. Mein Favorit sind diese superschokoladigen Weihnachtskekse mit Rum-Aroma in der Füllung. Diese dürfen auf unserem Plätzchenteller nicht mehr fehlen!

ca. 45 Minuten plus einige Stunden Ruhezeit | für ca. 40–50 Stück

200 g Weizenmehl Type 405 plus etwas mehr für die Teigbearbeitung
50 g Backkakaopulver
50 g Speisestärke
150 g Puderzucker
1 TL Vanilleextrakt
1 Ei
1 Eigelb
150 g kalte Butter
1 Prise Salz
150–200 g Aprikosenkonfitüre
2 EL Rum
Schokoglasur

Gib das Mehl, das Kakaopulver, die Speisestärke und den Puderzucker in eine Rührschüssel und verknete alles mit dem Vanilleextrakt, dem Ei, dem Eigelb, der in Stückchen geschnittenen Butter und der Prise Salz zu einem glatten Teig. Wickle diesen in Frischhaltefolie und lass ihn etwa 30 Minuten im Kühlschrank ruhen.

Rolle dann den Teig auf einer bemehlten Arbeitsfläche etwa 3–4 mm dick aus und stich dann die gewünschte Form aus (schön sind Herzen oder Kreise). Lege die Plätzchen mit etwas Abstand zueinander auf ein mit Backpapier ausgekleidetes Backblech.

Backe die Plätzchen etwa 7–9 Minuten im auf 160 °C vorgeheizten Backofen (Umluft).

Nachdem die Plätzchen abgekühlt sind, rührst du die Konfitüre mit dem Rum glatt. Dann streichst du auf die Unterseite eines Plätzchens 1 TL Konfitüre und klebst ein weiteres Plätzchen mit der Unterseite daran. Lass die gefüllten Plätzchen etwa 1 Stunde trocknen.

Schmilz die Schokoladenglasur, tauche die Plätzchen dann immer bis zur Hälfte hinein und lass sie trocknen.

Mein Tipp

Sehr lecker sind die Plätzchen auch mit Quittengelee oder Pflaumenmus.

Leichte Quarkrahmtaler

Besser als beim Bäcker

Quarkrahmtaler findet man in vielen fränkischen Bäckereien: Kein Wunder, denn der lockere Hefeteig mit leckerer Käsekuchen-Masse ist auch ein toller Snack zum Kaffee. Ich finde die Variante ganz ohne Streusel, dafür mit feiner Zimt-Note am besten. Dadurch ist das Kleingebäck auch weniger kalorienreich.

ca. 1 Stunde plus 1,5 Stunden Ruhezeit | für ca. 18 Stück

300 ml Vollmilch

750 g Weizenmehl Type 405 plus etwas mehr für die Teigbearbeitung

30 g frische Hefe

150 g Zucker

200 g Butter plus etwas mehr zum Bestreichen

1 Prise Salz

Schalenabrieb von 1 unbehandelten Zitrone

5 Eier

1 Eigelb

700 g Magerquark

200 g Puderzucker

70 g Speisestärke

Mark von ¼ Vanilleschote

Zimtpulver

Erhitze die Milch, bis sie lauwarm ist. Gib das Mehl in eine Schüssel und drücke eine Mulde in die Mitte. Brösele die Hefe in die Mulde, gieße die Milch mit 30 g Zucker über die Hefe und rühre vorsichtig etwas Mehl vom Rand mit ein, sodass sich die Hefe auflöst. Decke den Vorteig ab und lass ihn 10 Minuten gehen.

Schmilz 100 g Butter langsam in einem kleinen Topf. Gib dann den restlichen Zucker (120 g), die zerlassene Butter, das Salz, den Abrieb von der halben Zitrone, 1 Ei und das Eigelb zum Vorteig und knete alles etwa 5 Minuten zu einem glatten Teig. Der Teig sollte sich von der Schüssel lösen lassen, ansonsten musst du noch etwas Mehl unterarbeiten. Lass den Teig nun 1 Stunde zugedeckt an einem warmen, zugfreien Ort gehen, bis er sein Volumen verdoppelt hat.

Für die Quarkmasse lässt du die restliche Butter (100 g) bei schwacher Hitze in einem Topf schmelzen. Dann rührst du die geschmolzene Butter, den Quark, den gesiebten Puderzucker, die restlichen Eier (4), die Speisestärke, den Abrieb der anderen halben Zitrone und das Vanillemark in einer Rührschüssel glatt.

Knete den Hefeteig noch einmal auf einer bemehlten Arbeitsfläche durch und rolle ihn im Anschluss etwa 2 cm dick aus. Nun stichst du mit einem runden Ausstecher oder Glas (Durchmesser etwa 10 cm) Kreise aus. Lege die Teigkreise mit etwas Abstand zueinander auf die Backbleche und drücke sie in der Mitte etwas ein, sodass ein schmaler Rand entsteht.

Bestreiche jeden Teigrand mit etwas geschmolzener Butter und verteile die Quarkmasse in die Mitte der Taler.

Lass die Taler erneut etwa 20 Minuten gehen. Backe die Taler dann für 25–30 Minuten im vorgeheizten Backofen bei 170 °C (Ober-/Unterhitze) goldbraun. Nimm sie aus dem Backofen und bestäube sie mit etwas Zimt.

Selbst gemachtes Granola

Mit Kürbiskernen und mehr

Müsli muss man nicht kaufen, sondern man kann es auch ganz leicht selbst machen. Ich finde, auch das gehört zur regionalen Küche: die Zutaten zu verwenden, die einem zur Verfügung stehen, und auf unnötige Zusätze zu verzichten. Deshalb wird das Granola auch nur mit Frucht und Honig statt Industriezucker gesüßt.

ca. 45 Minuten | für ca. 8 Portionen

2 reife Bananen

3 EL Butter (alternativ Kokosfett)

1 TL Vanilleextrakt

1 Prise Salz

1 ½ TL gemahlener Zimt

50 g zarte Haferflocken

50 g kernige Haferflocken

50 g Mandelblättchen

150 g gemischte Kerne (z. B. Kürbis-, Sonnenblumenkerne)

1–2 TL flüssiger Honig

100 g Rosinen und/oder Cranberrys

Schäle die Bananen und quetsche sie mit einer Gabel bzw. mixe sie zu einer feinen Masse.

Schmilz die Butter bzw. das Kokosfett und gib es zu den Bananen. Jetzt mischst du das Vanilleextrakt, das Salz und den Zimt unter die cremige Masse. Danach gibst du nacheinander die Haferflocken, Mandelblättchen und Kerne zur Masse. Vermische alles sehr gut.

Belege ein Backblech mit Backpapier und verteile die Masse gleichmäßig darauf.

Träufle den Honig gleichmäßig über die Masse.

Schiebe das Blech auf mittlerer Schiene in den kalten Ofen und erhitze diesen auf etwa 160 °C (Umluft). Das Granola benötigt etwa 25–30 Minuten, bis es schön knusprig ist. Du solltest es immer im Auge behalten und es ab und zu gut durchmischen, um eine gleichmäßige Bräunung zu erhalten.

Nimm das Granola aus dem Ofen und lass es kalt werden. Mische jetzt die Rosinen bzw. Cranberrys unter.

Am besten bewahrst du das Granola in einer Dose oder in einem verschließbaren Glas auf.

Waffel-Sandwiches

Herzhaft fürs Picknick

Das typisch fränkische Pausenbrot bzw. Mittagessen: ein belegtes »Laabla«, also ein belegtes Brötchen. Bei mir bekommt dieser Klassiker ein Update. Die herzhaften Waffeln als Grundlage sind schon mal optisch ein Hingucker. Dazu kommt ein frischer Belag. Fast zu schade für ein »normales« Pausenbrot. Wie wäre es dann also mit einem schönen Picknick oder einer Radtour durch Franken?

ca. 1 Stunde | für ca. 6 Stück

4 Eier
Salz
250 g Dinkelvollkornmehl
50 g zarte Haferflocken
400 ml Buttermilch
100 ml Rapsöl
ca. 300 g frisches Gemüse der Saison (z.B. Paprika, Frühlingszwiebeln, Tomaten)
etwas neutrales Pflanzenöl
Kräutersalz
frische Kräuter (optional, z.B. glatte Petersilie, Basilikum)
ca. 250 g Putenbrust
frisch gemahlener schwarzer Pfeffer
einige Salatblätter
Crema di Balsamico
6 TL mittelscharfer Senf

Außerdem
Waffeleisen
6 Holzspieße

Trenne die Eier und gib Eiweiß und Eigelb in getrennte Rührschüsseln. Schlage das Eiweiß mit einem halben TL Salz steif und stelle es kalt.

Das Eigelb verrührst du mit dem Mehl, den Haferflocken, der Buttermilch und dem Öl zu einem glatten Teig. Lass den Teig etwa 15 Minuten quellen, bevor du das Eiweiß unterhebst.

Backe aus dem Teig im Waffeleisen etwa 12 Waffeln. Pro Waffel brauchst du im belgischen Waffeleisen etwa 2,5–3 EL Teig. Die Waffeln haben bei mir in etwa 2–3 Minuten pro Seite gebraucht.

Während die Waffeln abkühlen, kannst du das Gemüse in kleine Streifen schneiden und im Grillkorb grillen oder in einer gefetteten Grillpfanne etwa 5 Minuten rundherum anbraten. Würze das Gemüse mit Kräutersalz und nach Wunsch frischen Kräutern.

Grille deine Putenbrust ebenfalls oder brate sie und würze sie mit Salz und Pfeffer.

Setze jetzt deine Sandwiches zusammen: Auf die untere Waffel kommen Salatblätter sowie etwas Crema di Balsamico. Dann folgt die aufgeschnittene Putenbrust und je 1 TL Senf. Verteile zuletzt 2 EL vom Grillgemüse darauf, bevor du das Sandwich mit einer zweiten Waffel bedeckst.

Fixiere deine Sandwiches mit einem Spieß und serviere sie als Snack oder kleine Mahlzeit.

Mein Tipp

Die Putenbrust kann auch sehr gut z.B. durch geräucherte Lachsforelle ersetzt werden.

LASS UNS
picknicken
GEHEN!
AB INS
Grüne!

Bärlauch-Kranz

Hefekranz mal anders

Ohne Bärlauch kein fränkisches Backbuch. Denn wir lieben das knoblauchartige Frühlingsgewächs einfach! Außerdem lieben wir Hefeteig in jeglicher Form. Was liegt da näher, als beides zu kombinieren? Mit Bärlauch-Pesto und herzhaftem Hefeteig entsteht eine sehr feine Beilage zu deiner nächsten Grillparty!

ca. 1 Stunde | für 1 Kranz

550 g Dinkelmehl Type 630 plus etwas mehr für die Teigbearbeitung

½ TL Zucker

2 ½ TL Salz

1 Pck. Trockenhefe

100 ml zimmerwarme Vollmilch

50 ml Olivenöl

ca. 150 g Bärlauch-Pesto

Gib das Mehl in eine Rührschüssel und mische es mit dem Zucker und dem Salz. Löse die Hefe in 200 ml lauwarmen Wasser auf und gib die Mischung zusammen mit der Milch und dem Olivenöl zum Mehl. Knete den Teig mit den Knethaken der Küchenmaschine oder des Handrührgeräts glatt, bis er sich vom Schüsselrand löst

Lass den Teig etwa 15 Minuten zugedeckt an einem warmen, zugfreien Ort gehen. In der Zwischenzeit kannst du den Backofen auf 200 °C (Ober-/Unterhitze) vorheizen.

Rolle den Teig nach dem Gehen auf einer bemehlten Silikonarbeitsmatte zu einem großen Rechteck (40 x 50 cm) aus. Drehe das Teigrechteck so, dass die lange Seite unten liegt. Bestreiche es mit dem Pesto. Nun rollst du mithilfe der Arbeitsmatte das Rechteck von der langen Seite aus auf.

Schneide die entstandene Rolle längs in 2 Hälften, lass dabei aber an einem Ende etwa 2–3 cm ungeschnitten, damit die beiden Stränge noch zusammenhängen. Drehe die beiden Stränge jetzt so, dass die beiden Schnittflächen oben liegen. Winde dann jeweils einen Strang wie bei einer Kordel um den anderen und forme zuletzt einen Kranz.

Backe den Kranz etwa 20–25 Minuten und lass ihn danach auskühlen.

Deftige Mett-Torte

Für herzhafte Geburtstage

Streng genommen ist das hier gar kein Backrezept, denn der Ofen bleibt bei der Mett-Torte kalt. Diese Torte wünscht sich Felix immer zum Geburtstag, denn er liebt auch Hackepeter-Brötchen. Mit Käse, Gurken und Tomaten wird diese herzhafte Spezialität dann auch »geburtstagstauglich«.

ca. 45 Minuten | für 1 kleinen Tortenring (15 cm Durchmesser)

2 Zwiebeln
1 gekochtes Ei
3 große Essiggurken
4–5 Scheiben Toastbrot
zimmerwarme Butter zum Bestreichen
750 g Mett oder Hackepeter
50 g Käse (z.B. Scamorza)
Tomatenscheiben
edelsüßes Paprikapulver (optional)
Salz (optional)
frisch gemahlener schwarzer Pfeffer (optional)
gehackte rote Zwiebeln für den Rand

Außerdem
Tortenring (15 cm Durchmesser)

Hacke die Zwiebeln fein, schneide das Ei und die Gurken in Scheiben. Bestreiche den Toast mit Butter.

Beginne jetzt mit einer Lage Toast in einem hohen Tortenring zu schichten. Darauf kommt eine Lage Mett. Als Nächstes kommt eine Lage mit Ei und Käse und dann erneut Mett.

Lege wieder eine Lage Toast darauf, dann folgen Mett und Gurken sowie Tomaten. Wiederhole alles ab Schritt 2, bis alle Zutaten aufgebraucht sind. Würze nach Wunsch mit Paprikapulver, Salz und Pfeffer.

Löse dann den Tortenring und kleide die Torte mit Mett ein.

Als Dekoration eignen sich z.B. Gürkchen, Tomaten, Käseecken, Eier und Kerzen.

Belege den seitlichen Rand der Torte mit roten Zwiebeln und serviere sie sofort.

Register

Register nach Rezepten

Register nach Zutaten

Danksagung

Auch wenn nur wir beide auf dem Titel stehen, ist dieses Buch doch eigentlich ein Gemeinschaftswerk. Deshalb wollen wir den wichtigsten Beteiligten danken:

Danke an unsere Eltern Monika, Andrea und Jürgen fürs Probebacken und Testessen, Zutatenbesorgen, An-Rezepten-Tüfteln, für die alten Fotos und generell eure moralische Unterstützung. Ohne euch wäre das Buch nicht möglich gewesen!

Danke an Oma Marga für den vollen Einsatz beim Krapfen- und Küchlabacken!

Danke an Oma Babette und Uroma Anna (†) fürs Führen eines umfangreichen Rezeptbuchs mit fränkischen Rezepten aus der »guten alten Zeit«, das überhaupt erst die Idee zu diesen Büchern gegeben hat.

Danke an Victoria, die uns als eingefleischtes Nordlicht nicht nur beim Rezeptetesten, sondern auch beim Finalisieren des Manuskripts geholfen hat. Du bist jetzt Fränkin im Herzen.

Und nicht zuletzt danke an alle, die uns Familienrezepte für dieses Buch überlassen haben!

Vorlagen

Seite 84

Seite 152

Impressum

Verantwortlich: Lea Niesler, Julia Bobinger
Lektorat: Dr. Regina Roßkopf
Layout: Elke Mader
Covergestaltung: Murat Taner
Repro: LUDWIG:media
Herstellung: Bettina Schippel
Printed in Poland by CGS Printing

★★★★★

Sind Sie mit diesem Titel zufrieden? Dann würden wir uns über Ihre Weiterempfehlung freuen. Erzählen Sie es im Freundeskreis, berichten Sie Ihrem Buchhändler, oder bewerten Sie bei Onlinekauf. Und wenn Sie Kritik, Korrekturen, Aktualisierungen haben, freuen wir uns über Ihre Nachricht an Bruckmann Verlag, Postfach 40 02 09, D-80702 München oder per E-Mail an lektorat@verlagshaus.de.

Unser komplettes Programm finden Sie unter www.j-berg-verlag.de

In diesem Buch wird aus Gründen der besseren Lesbarkeit das generische Maskulinum verwendet. Weibliche und anderweitige Geschlechteridentitäten werden dabei ausdrücklich mitgemeint, soweit es für die Aussage erforderlich ist.

Empfehlung der Redaktion
Sie sind auf der Suche nach weiterführender Literatur? Dann empfehlen wir Ihnen den Titel »Fränkische Lieblingsrezepte« von Ina Medick und Felix Wiesel.

Bildnachweis: Alle Bilder im Innenteil und auf dem Umschlag stammen vom Fotografen Felix Wiesel.
Umschlagvorderseite: XXL-Windbeutel (S. 162/163)
Umschlagrückseite: Franken-Petit-Fours (S. 174/175)

Die Deutsche Nationalbibliothek verzeichnet diese Publikation in der Deutschen Nationalbibliografie; detaillierte bibliografische Daten sind im Internet über http://dnb.d-nb.de abrufbar.

Infanteriestraße 11a
80797 München

ISBN 978-3-86246-991-8